NOUVELLE ÉDITION

BIBLIOTHÈQUE CONTEMPORAINE

THÉOPHILE GAUTIER

LA BELLE
JENNY

PARIS
MICHEL LÉVY FRÈRES, LIBRAIRES ÉDITEURS
RUE VIVIENNE, 2 BIS, ET BOULEVARD DES ITALIENS, 15
A LA LIBRAIRIE NOUVELLE
1867

LA
BELLE-JENNY

LIBRAIRIES MICHEL LÉVY FRÈRES

OUVRAGES

DE

THÉOPHILE GAUTIER

Format grand in-18

CONSTANTINOPLE	1 vol.
LES GROTESQUES	1 —
LOIN DE PARIS	1 —
LA PEAU DE TIGRE	1 —
QUAND ON VOYAGE	1 —
LA BELLE JENNY	1 —

Clichy. — Impr. Maurice LOIGNON et Cie, rue du Bac-d'Asnières, 12.

LA
BELLE-JENNY

PAR

THÉOPHILE GAUTIER

NOUVELLE ÉDITION

PARIS
MICHEL LÉVY FRÈRES, LIBRAIRES ÉDITEURS
RUE VIVIENNE, 2 BIS, ET BOULEVARD DES ITALIENS, 15
A LA LIBRAIRIE NOUVELLE
—
1868
Droits de reproduction et de traduction réservés

LA
BELLE-JENNY

I

Une pâle aurore de novembre encore mal éveillée se frottait les yeux derrière une courtine de nuages grisâtres, et déjà le digne hôtelier Geordie se tenait debout sur le seuil de son auberge, les bras aussi croisés que le permettait un abdomen plus que majestueux, ni témoignait on ne peut plus favorablement de la cuisine du *Lion rouge*.

Il avait l'air profondément tranquille d'un aubergiste qui, étant unique, se sent maître de la situation et ne craint pas que les voyageurs puissent lui échapper; car le *Lion rouge* était, en ce temps-là, la seule hôtellerie de Folkstone.

Fol stone, au temps où se passait l'histoire que nous entreprenons de raconter, n'était qu'un petit village dont les maisons de briques jaunes et de planches goudronnées s'échelonnaient un peu au hasard sur la pente qui, de la montagne, descend à la mer.

La maison de Geordie était une des plus belles, sinon la plus belle de Folkstone. A l'angle du bâtiment, au bout d'une volute de fer élégamment contournée, se balançait à la brise de mer le lion rouge découpé en tôle, dont les vapeurs salines de l'Océan nécessitaient de raviver fréquemment les couleurs, et qui, repeint depuis peu, flamboyait aussi fièrement qu'un lion de *gueules* sur champ d'or dans un manuel héraldique.

Geordie rêvait, mais les rêves qu'il faisait n'avaient rien de poétique. Il supputait dans sa tête les bénéfices du mois qui venait de s'écouler, et, comme ils dépassaient de quelques guinées le gain des mois précédents, Geordie pensait que, si cette augmentation se soutenait, il pourrait, dans peu de temps, acheter cette pièce de terre dont il avait si grande envie et qui faisait dans ses domaines un angle si désagréable.

Il en était là de sa rêverie, lorsqu'un individu de mine assez farouche, planté devant lui depuis quelques minutes, mais que sa préoccupation l'empêchait d'apercevoir, ne trouvant sans doute pas d'autre moyen de se faire remarquer, lui appliqua sur le ventre une de ces tapes que les hommes osseux et maigres se plaisent à donner aux hommes obèses, par ironie ou par vengeance.

Révolté de cette familiarité de mauvais goût, qui lui était particulièrement désagréable et qu'il supportait à peine de ses intimes et de ses plus riches pratiques, Geordie fit un saut en arrière avec une assez grande légèreté pour un homme de sa corpulence; et, voyant son agresseur couvert de vêtements qui étaient loin d'annoncer la richesse, il fit ce calcul mental : « Voilà un drôle qui consommera tout au plus une tranche de bœuf avec une pinte de demi-bière et un verre de wiskey, et qui est insolent comme un seigneur soupant d'une fine poularde arrosée de clairet et de vin de Champagne. Je ne risque qu'un shilling et quelques pence à lui dire son fait. »

— Eh bien, animal, butor, bête brute, homme sans éducation! s'écria Geordie après le raisonnement que nous venons de transcrire, est-ce ainsi que l'on entre en conversation avec des gens comme il faut? Je ne fais pas mes compliments à ceux qui vous ont élevé.

— La, la, calmez-vous, gros homme! est-ce que je pouvais rester devant vous fiché en terre comme un pieu jusqu'au jugement dernier? J'avais toussé trois fois, je vous avais appelé deux fois par votre nom, maître Geordie, et vous ne bougiez non plus qu'un druid; il fallait bien que je fisse sentir ma présence, répondit l'individu qui venait de frapper sur la panse à la Falstaff du digne hôtelier, d'un ton railleur où ne perçaient nulle crainte et nul repentir.

— Vous pouviez vous faire apercevoir d'une façon plus délicate, reprit Geordie d'un ton indigné encore, mais où la parole et le regard assuré de l'inconnu glissaient déjà une note plus timide.

— Allons, éléphant hospitalier, désobstruez votre seuil, si vous voulez que je passe et que je pénètre dans la salle de l'hôtel du *Lion rouge*, le meilleur et le seul de Folkstone.

Maître Geordie, qui connaissait le cœur humain et l'aspect piteux que donne à la physionomie la conscience d'une bourse vide, jugea, à l'aplomb de l'inconnu, à la liberté de ses manières, que, malgré ses humbles vêtements, il devait posséder une certaine aisance et se faire apporter une bouteille de vin de France, ou tout au moins une rôtie au vin de Canarie, et, faisant le sacrifice temporaire de sa dignité, il s'effaça de son mieux et laissa entrer son agresseur dans la maison.

La salle à manger du *Lion rouge*, qu'éclairaient quatre de ces fenêtres à châssis mus par des contrepoids, et appelées fenêtres à guillotine depuis l'invention de ce philanthropique instrument, était divisée en plusieurs compartiments de bois assez semblables à des cabinets-particuliers et rappelant la forme et la disposition des boxes d'écurie; car l'Anglais aime tant à être isolé, qu'il se sent mal à l'aise sous les regards et qu'il faut lui créer une séparation, une espèce de chez lui, même sur le terrain neutre d'une salle commune de taverne.

— Entre ces deux rangs de boxes, s'allongeait une allée poudrée de fin sablon jaune qui aboutissait à un comptoir triomphal de bois des îles incrusté d'ornements de cuivre, sur lequel étincelaient des rangées de mesures d'étain et des pots au couvercle de métal poli, clair comme de l'argent.

Une glace étroite enfermée dans un cadre de bois miroitait derrière le comptoir, où, à la portée de la main de l'hôtesse, venaient s'ajuster une multitude de robinets terminant des tuyaux qui correspondaient dans la cave à autant de tonneaux de bière et de liquides d'espèces différentes.

Quelques gravures d'après Hogarth, entourées de noir, et représentant les inconvénients d'un vice quelconque (celui de l'ivrognerie excepté), complétaient la décoration de cette partie de la salle, qui était comme l'autel et le sanctuaire de la maison.

Geordie se dirigea vers le comptoir, suivi de son hôte, qui paraissait médiocrement ébloui de ces magnificences, et lui posa, d'un ton auquel l'habitude de flatter la pratique donnait une apparence obséquieuse peut-être plus marquée qu'il ne l'aurait voulu, cette question sacramentelle :

— Que faut-il servir à Votre Honneur ?

— Une calèche et quatre chevaux, répondit l'homme de l'air le plus tranquille et le plus dégagé du monde.

A cette réplique incongrue, le maître du *Lion rouge*

prit une attitude solennelle et souverainement méprisante ; il se cambra, renversa la tête en arrière, et dit :

— Monsieur, je n'aime pas plus les mauvaises plaisanteries que les mauvais plaisants ; vous m'avez déjà frappé sur le ventre d'une façon que je ne veux pas qualifier, mais pour laquelle les épithètes de familière et d'indécente ne me paraissent pas trop fortes. Nonobstant ce procédé discourtois, je vous laisse pénétrer dans cet hôtel du *Lion rouge,* connu, j'ose le dire, du monde entier ; je vous amène près de ce comptoir, qui distribue des boissons rafraîchissantes, toniques ou spiritueuses, au goût des personnes ; je vous demande avec politesse ce qu'il faut servir à Votre Honneur, et vous me répondez par des fariboles, des billevesées. « Une calèche et quatre chevaux » est une phrase qui ne s'adapte nullement à ma question, et montre de votre part une intention formelle de m'insulter.

— Ta ta, maître Geordie, comme vous dégoisez ! Ne vous étouffez pas. Tout à l'heure vous n'étiez que cramoisi, vous êtes passé au violet et vous allez devenir bleu ; calmez-vous ; je n'eus jamais l'intention d'offenser un particulier aussi respectable que vous paraissez l'être. J'ai parlé sérieusement. J'ai, en effet, besoin d'une voiture, calèche, berline, landau, chaise de poste, il n'importe, pourvu qu'elle soit solide et roule bien. Avec la voiture, il me faut des chevaux, et, comme j'aime à aller vite, j'en demande quatre et des meilleurs, qui aient mangé l'avoine dans votre écurie. Il n'y a là rien de bien étonnant.

Ce raisonnement parut assez plausible à maître Geordie; cependant les vêtements et la mine de son interlocuteur lui causaient encore une méfiance que celui-ci devina sans doute; car il plongea sa main dans une de ses poches et en tira une bourse assez rondelette qu'il fit sauter en l'air et qui, en retombant, rendit un son métallique où l'oreille exercée de Geordie reconnut un accord parfait de guinées, de souverains et de demi-souverains, sans aucune dissonance de monnaie d'argent ou de billon.

L'hôtelier, qui, jusque-là, ne s'était pas découvert, ôta son bonnet, qu'il chiffonna pour se donner une contenance, car il était assez embarrassé de la liberté avec laquelle il avait dit son fait à un homme dont la bourse était aussi bien garnie. Mais qui eût pu deviner ce détail, très-peu indiqué par un vêtement de coupe vulgaire et d'étoffe commune ?

— Contre combien de ces ronds jaunes échangeriez-vous un de vos carrosses ? dit l'inconnu, que nous appellerons Jack ou John, pour la commodité du récit ; car, étant Anglais, il devait porter l'un ou l'autre de ces noms.

Et il étala, en demi-cercle, sur la table, un nombre assez considérable de pièces.

— Je pourrais vous vendre à bon compte la chaise à deux places ; mais elle a une roue cassée, et il faudrait du temps pour la raccommoder ; ou bien encore le landau, si le ressort de derrière n'était pas brisé, dit l'hôtelier en se frottant l'aile du nez avec le doigt, tandis que, de l'autre main, il se tenait le coude ; attitude que, de tous les temps, les sculpteurs et les peintres ont donnée à la perplexité méditative.

— Pourquoi, répliqua Jack, au lieu de ces affreux tombereaux démantibulés, ne pas me proposer tout de suite votre berline vert-olive doublée de drap de Lincoln, et qui a de si beaux stores de soie ?

— Ma berline vert-olive, qui m'a coûté si cher !

1.

s'écria Geordie comme effrayé de l'énormité de la proposition ; y pensez-vous ?

— J'y pense. Le prix n'est pas un obstacle ; en vous la payant plus que vous ne l'avez achetée, vous consentiriez sans doute à vous en défaire ?

En disant ces mots, Jack, d'un air fort grand seigneur, laissa tomber négligemment à côté des autres pièces une dizaine de guinées, de manière à fermer presque entièrement le cercle d'or commencé.

— C'est un grand seigneur déguisé, se dit intérieurement l'hôtelier en faisant un signe d'acquiescement à la phrase péremptoire de Jack.

— Sans doute, à ces conditions-là, je pourrais consentir à m'en séparer, continua-t-il à haute voix. Et quand Votre Honneur aura-t-elle besoin de la berline ?

— Sur-le-champ. Dites au postillon de s'habiller, et faites atteler le plus promptement possible.

— Deux minutes pour sortir la voiture de la remise, dix minutes pour harnacher les chevaux et les attacher au brancard, cela fait douze, et trois à Little-John pour endosser sa veste, entrer dans ses bottes et remettre une mèche neuve à son fouet ; total, quinze minutes; et vous roulerez sur le chemin du plus joli train du monde.

— Quinze minutes, mais pas une de plus, dit Jack en tirant de son gousset une grosse montre d'argent, ou, par minute de retard, j'applique sur votre précieux abdomen une de ces tapes qui vous mettent de si mauvaise humeur.

Pour éviter un semblable inconvénient, maître Geordie sortit précipitamment et donna les ordres nécessaires; puis il revint et demanda à Jack, par une longue habitude de pousser à la consommation, s'il ne prendrait pas quelque chose en attendant que la berline fût attelée.

— Son Honneur désirerait-elle un verre de sherry ou de porto, ou de punch à l'arack?

— Rien du tout, maître Geordie; ce n'est pas que je doute de l'excellence de votre cave et de l'habileté de vos préparations.

— Est-ce que vous appartiendriez, par hasard, à une société de tempérance? dit l'hôtelier surpris d'une telle sobriété.

— Je ne suis pas assez ivrogne pour cela, répondit Jack en riant, et je n'ai pas besoin des sermons du père Matthews; mais j'ai fait serment de ne rien prendre aujourd'hui.

— C'est quelque papiste sans doute, grommela Geordie, auquel un pareil serment paraissait plus imprudent encore que celui de Jephté.

— Eh bien, j'avalerai du moins cette rasade à votre intention, ajouta Geordie extrêmement affligé à cette idée qu'il ne se buvait rien.

— Je puis regarder boire sans fausser ma promesse, dit Jack, et même je n'en ai que plus de mérite, puisque je résiste à la tentation. Votre vin a une si belle couleur !

— Un vrai rubis liquide, monsieur; et quel bouquet ! les violettes du printemps n'en ont pas un plus fin, dit l'hôtelier, emporté par un mouvement lyrique et mettant son verre sous le nez de Jack.

Jack huma tout l'arome du vin par une aspiration profonde à laquelle succéda une expiration modulée en soupir.

On eût cru qu'il allait céder à un vin dont il appréciait si bien le mérite, et Geordie inclina le goulot de la bouteille sur le bord du second verre; mais Jack était un gaillard bien trempé et d'une volonté ferme.

Il reprit possession de lui-même en un clin d'œil, et, portant à la figure du tavernier la montre qui marquait quatorze minutes et demie, il étendit sa large main découpée en éclanche de mouton d'un air de menace railleuse.

— Il y a encore trente secondes, cria Geordie d'une voix étranglée et tâchant de changer en ligne concave la ligne convexe de sa panse, chose difficile, pour ne pas dire impossible.

L'aiguille allait toucher la quinzième minute : déjà l'impitoyable Jack balançait sa main pour lui donner plus de volée, et Geordie défendait son embonpoint par des croisements de bras plus compliqués que ceux de la Vénus pudique.

Par bonheur, le claquement de fouet de Little-John et le roulement de la berline vert-olive qui sortait de la cour vint mettre fin à cette situation embarrassante et pathétique. Jack laissa tomber sa main, Geordie se redressa.

— J'avais dit quinze minutes, exclama Geordie avec l'enivrement de la ponctualité satisfaite.

— Votre bedaine l'a échappé belle, dit Jack en montant dans la berline et en s'asseyant sans la moindre déférence sur les coussins de drap vert de Lincoln.

— Où allons-nous, maître ? demanda le postillon.

— Sortons d'abord du village, et je vous dirai ensuite quelle route il faut prendre, répondit Jack, qui ne se souciait sans doute pas de faire savoir à maître Geordie et aux quelques oisifs amassés pour assister au départ de la berline le véritable but de son voyage.

Quand on fut sorti du village, Little-John, se retournant vers la berline, dit à Jack :

— Maître, faut-il prendre la route de Londres ?

— Non pas, mon garçon, répondit Jack ; vous allez me faire le plaisir de longer la côte jusqu'à ce que je vous dise de vous arrêter.

Little-John, assez étonné, poussa ses chevaux dans cette direction sans témoigner cependant sa surprise; car maître Jack, quoiqu'il fût facétieux à ses heures, avait, il faut l'avouer, la mine en général rébarbative et peu rassurante.

— Sans doute, se dit Little-John, il s'agit de l'enlèvement de quelque jeune demoiselle qui, d'un château ou d'un cottage voisin, fera semblant de venir regarder la mer et dessiner les horizons, et qui ne fera qu'un saut de terre dans la voiture. J'aime beaucoup les enlèvements, car les amoureux qui se sentent des parents ou des tuteurs aux trousses payent en général fort bien ; pourtant ce gaillard-ci n'a guère les apparences d'un séducteur.

On suivit pendant quelques milles le rivage, sur lequel la mer déroulant ses volutes uniformes apportait et remportait avec un bruit sourd les galets polis par cette lente usure.

Non loin d'une falaise blanchâtre, assez escarpée et qui dominait l'Océan, Jack cria : « Arrêtez ! » sans qu'il y eût aucune raison apparente de faire halte, car bien loin à la ronde on n'apercevait ni maison, ni ferme, ni manoir, ni chemin tracé.

Jack descendit de voiture et se dirigea vers la falaise, qu'il gravit avec la légèreté d'un chat, d'un marin ou d'un contrebandier, s'aidant des moindres aspérités, s'accrochant aux touffes de fenouil et de genévrier qui pendaient çà et là comme des barbes au menton raboteux du rocher ; il eut bientôt atteint le faîte, suivi par les regards étonnés de Little-John, qui ne se serait jamais imaginé qu'on pût arriver là sans poulie et sans échelle.

Lorsque Jack atteignit la plate-forme, un individu couché par terre sur le ventre, de manière à ce qu'on ne l'aperçût point d'en bas, et qui tenait une longue-vue dirigée vers la pleine mer, releva un peu la tête et dit :

— Ah ! c'est vous, Jack ! La voiture est-elle prête ?
— Oui, et attelée de quatre bons chevaux.
— C'est bien. Le vaisseau est en vue ; je l'ai reconnu à la flamme rouge et jaune qui est le signal arrêté entre nous.

En effet, on pouvait, même à l'œil nu, discerner à l'horizon, du côté où la Manche s'évase dans l'Océan, une petite voile blanche sur le lapis-lazuli des eaux, semblable à une plume échappée de l'aile d'un cygne.

— La brise le contrarie un peu dans ce moment-ci ; mais, quand il aura vent arrière, il filera sur l'eau comme une mouette, continua l'homme couché, l'œil appliqué à la longue-vue. Avec cela que le vent est sud-ouest, un vent fait exprès comme si on l'avait acheté à une sorcière, enfermé dans une outre.

S'allongeant à côté de son compagnon, Jack lui

prit des mains la lunette et se mit à regarder le vaisseau, qui émergeait des eaux graduellement et dont on pouvait déjà discerner le corps.

Quand il tomba dans l'aire du vent, des flocons de toile s'abattirent le long des mâts comme de blancs nuages.

— Ah! le voilà qui brasse plus de toile en une minute que dix tisserands de Spithfield n'en pourraient faire dans leur année, dit Jack.

Dès que l'impulsion de l'air se fit sentir, le navire pencha un peu sur le côté en inclinant gracieusement sa mâture comme pour son salut; puis il frissonna deux ou trois fois, et, redressé par un coup de barre, il reprit son aplomb, et une double frange d'écume argentée fila rapidement le long de ses flancs noirs.

— Quel joli navire! s'écria Jack, emporté par son enthousiasme; c'est ça qui doit filer crânement!

Apparemment que les gens qui montaient le navire ne partageaient pas les idées de Jack sur la vitesse de sa marche, car la voile de perroquet se déplia, et un foc installa son triangle à côté des deux autres focs déjà tendus et gonflés par la brise.

— Regardez donc, Mackgill, dit Jack en passant la

lunette à son compagnon; il paraît qu'ils ne veulent pas perdre un souffle; avec tout ce chanvre dehors, le diable m'emporte s'il ne file pas quinze nœuds à l'heure.

Poussé par une fraîche brise, le navire avançait si rapidement, qu'au bout de quelques minutes, il n'y avait plus besoin de la lunette pour en discerner les détails.

— Ah çà! ils sont donc enragés, ou le capitaine a bu un muid de punch, s'écrièrent à la fois Jack et Mackgill, en voyant les bonnettes basses s'allonger avec les boute-hors à côté des voiles, et tremper leur extrémité dans la vague comme des ailes de goëland.

— S'ils continuent, dit Mackgill, ils vont sortir de l'eau et voler en l'air, ou chavirer la quille en dessus. Oh! le brave brik! il tient bon; pas un mât ne fléchit, pas un cordage ne craque, poursuivit-il avec admiration. Jamais contrebandier ayant à ses trousses un bâtiment de l'État, jamais navire marchand chargé d'or et de cochenille, pourchassé par un corsaire, ne décampa d'un train pareil. On dirait qu'il y va de leur vie; et pourtant je ne vois pas d'autre voile à l'horizon.

— Le capitaine Peppercul connaît son affaire; et,

s'il donne de l'éperon à son navire, c'est qu'il est pressé ou payé grassement; il ne risquerait pas pour rien de se coiffer avec ses toiles et de boire un coup à la grande tasse salée de l'Océan. Il n'aime pas assez l'eau pour cela, dit sentencieusement Jack, et ce n'est pas sans raison qu'on nous a mis ici et qu'on m'a fait acheter une berline à ce damné Geordie.

— Dieu me pardonne, Jack, s'écria Mackgill, voilà qu'on met les pommes de girouette à tous les mâts.

— Il n'y a plus maintenant sur *la Belle-Jenny* de quoi se faire un mouchoir de poche. Toute la toile est employée.

— Quoique, Dieu merci! je ne craigne pas l'eau, à l'extérieur du moins, je préfère en ce moment avoir mis mes pieds sur ce roc que sur le pont du capitaine Peppercul.

A ce surcroît de voiles, les mâts se courbèrent comme des arcs; le taille-mer de la proue disparut presque entièrement sous la pression du vent, et une longue fusée d'eau écumeuse jaillit sur le pont comme ces rubans de bois qui s'élancent par le trou d'un rabot vigoureusement poussé.

— Toute la mâture va tomber sur le bastingage, dit Mackgill intéressé au plus haut point.

Rien ne bougeait, et le navire, emporté comme un tourbillon, arriva tout près de la falaise; et, déshabillé en un clin d'œil de la toile qui le couvrait, il s'arrêta, montrant à nu son gréement fin et délié.

Un canot se détacha des flancs de *la Belle-Jenny*, et en quelques coups d'aviron amena à terre un homme qui paraissait en proie à la plus vive impatience.

— Une demi-heure de retard, murmura-t-il en prenant terre et en regardant sa montre. Où est la voiture ?

Jack, qui était descendu ainsi que Mackgill, la fit avancer.

Quand le nouveau venu fut installé dans la berline, John renouvela sa question :

— Maître, où allons-nous ?

— A Londres, et au vol ! Voilà trois guinées pour toi.

La voiture partit comme la foudre; les roues flamboyaient comme celles du char d'Élie.

Resté seul avec Mackgill, Jack formula cet apophthegme ingénieux :

— Voilà un particulier qui aime aller vite; il aurait été bien malheureux s'il était né tortue.

II

Little-John, enthousiasmé au delà de toute expression par la promesse d'un pourboire de trois guinées, fit exécuter à son fouet une série de claquements, de pétarades et de détonations à faire croire à un engagement de mousqueterie entre deux armées, car Little-John était un virtuose en ce genre de musique.

Les chevaux, exaspérés par le petillement de cette fusillade, et aussi par la mèche du fouet, qui, dans ses arabesques vagabondes, leur cinglait et leur piquait les oreilles, tiraient à plein collier et se précipitaient dans l'espace avec une ardeur furibonde. Les roues tournaient si vite, qu'elles semblaient des disques pleins : les rayons avaient disparu dans le flamboiement de la rapidité.

L'inconnu s'était établi à l'angle de la voiture avec l'immobile résignation et la fureur concentrée d'une volonté puissante rencontrant des obstacles naturels et insurmontables, comme le temps et l'espace ; sa main, allongée sur son genou, tenait encadrée dans sa paume une montre dont il suivait les aiguilles d'un œil inquiet ; puis, jetant son regard à travers la portière sur les bords de la route, il mesurait la vitesse avec laquelle disparaissaient les arbres dans l'étroit carreau.

— La demi-heure perdue sera bientôt regagnée si les chevaux soutiennent ce train encore quelque temps, murmura le mystérieux personnage avec un soupir de satisfaction.

Ce personnage si pressé d'arriver mérite bien qu'on en retrace la physionomie en quelques coups de crayon.

Il était jeune, et sa figure régulière et froide, mais empreinte d'un cachet de réflexion et de volonté, accusait tout au plus vingt-six ou vingt-sept ans. Tout le bas du masque, coloré par des couches successives de hâle, trahissait de nombreux voyages ou de longs séjours dans l'Orient et les chaudes régions du tropique, car ce teint rembruni ne lui était pas naturel ; le front légèrement découvert, et floconné de petites boucles de cheveux blonds très-fins, avait des blancheurs satinées, et, préservé des ardeurs du soleil par l'ombre du chapeau, avait gardé tout l'éclat du sang septentrional.

Même après l'examen que nous venons de faire, il eût été difficile d'assigner un rang quelconque ou une position sociale distincte à l'individu assis sur les coussins de drap de Lincoln de la berline vert-olive de maître Geordie, qui eût poussé assurément les plus douloureuses interjections à voir la manière dont Little-John menait ses chevaux et sa voiture de prédilection.

Ce n'était pas un militaire. Il n'avait pas cette roideur gourmée, ce port de tête et cet effacement d'épaules qui fait reconnaître les fils de Mars au premier coup d'œil sous l'habit bourgeois. Ce n'était pas non plus un ministre. Sa physionomie, quoique grave et réfléchie, n'avait pas l'expression béate et l'aménité doucereuse qui sont propres aux gens d'Église. Encore moins un négociant. Son front blanc et pur n'était rayé par aucune de ces rides pleines de chiffres et de calculs sur les probabilités de la hausse ou de la baisse des sucres. Ce n'était pas non plus un dandy ; mais on pouvait affirmer à coup sûr, en le regardant, qu'on avait devant les yeux un parfait *gentleman*.

Quel intérêt si urgent le faisait galoper sur la route de Londres comme si le salut de l'univers eût dépendu d'une minute de retard : fuyait-il ou poursuivait-il ? C'est ce que nous ne saurions encore décider.

Les chevaux commençaient à se fatiguer. Le frottement des harnais faisait mousser et blanchir leur sueur en flocons d'écume ; leur poitrail se couvrait de bave argentine comme ceux des coursiers de la mer dans les triomphes de Neptune ou de Galathée. De longs jets de fumée soufflés par leurs naseaux et emportés par le vent se confondaient avec la brume ardente qui s'exhalait de leurs flans pantelants. La voiture roulait dans un nuage comme un char de divinité classique.

Malgré toute son envie de gagner les trois guinées, Little-John sentit cependant quelque scrupule de pousser ainsi des bêtes à outrance, et la peur de les ramener fourbues à maître Geordie combattit quelques instants le désir bien naturel de mériter le glorieux pourboire. Et puis Little-John était Anglais, et son cœur de postillon commençait à saigner en voyant Black, son cheval favori, haleter et ruisseler de sueur. Un postillon français n'eût point eu de ces tendresses.

Aussi, pour mettre sa conscience à l'abri, Little-John se souleva un peu sur sa selle, opéra une demi-conversion du côté de la voiture, et dit en appuyant la main sur la croupe du cheval qui le portait :

— L'intention de Sa Grâce est-elle de crever les chevaux et d'en payer le prix ?

— Oui, répliqua l'inconnu ainsi interpellé.

— Très-bien ! répliqua Little-John. Les intentions de Sa Grâce vont être remplies.

Et Little-John, se tassant dans ses bottes, s'assurant sur sa selle, détacha un furieux coup de manche de fouet à son porteur, qui fit un soubresaut, et, retrouvant dans sa douleur un reste d'énergie, se précipita entraînant le reste de l'attelage. Ce train désespéré se soutint, grâce à une crépitation perpétuelle de coups de fouet qui aurait démanché un bras moins exercé que celui de Little-John.

L'œil de l'inconnu était toujours fixé sur le cadran de sa montre, et il ne faisait aucune attention aux jolis paysages doucement dorés par l'automne, aux charmants cottages qui se révélaient le long de la route, à travers les arbres éclaircis, dans l'intimité d'un déshabillé matinal, et se montrait insensible à tous les gracieux détails de la nature anglaise. Le pittoresque le préoccupait assurément fort peu — en ce moment-là, — quoiqu'il ne parût pas appartenir à la classe épaisse des philistins et des bourgeois. Une idée unique, persistante, le possédait : celle d'arriver.

Grâce à la nouvelle impulsion donnée à la marche de l'attelage par Little-John, rassuré désormais sur l'éventualité d'un accident, le voyageur pressé parut respirer plus à l'aise, son front se rasséréna, et il remit la montre dans son gousset.

— Allons, dit-il à demi-voix, j'arriverai à temps malgré le hasard hostile qui, dans toute cette affaire, semblait prendre plaisir à contre-carrer mes projets. Il ne sera pas dit que ma volonté aura été obligée de plier devant un obstacle humain. Mais quelle série de circonstances qu'on croirait combinées à plaisir pour me retarder : le vaisseau qui portait la première lettre où l'on me donnait avis de la chose qui m'intéresse à ce point de me faire quitter l'Inde subitement, rencontre, près des îles Maldives, des pirates javanais qui l'attaquent et le dépouillent! ce n'est donc que par le second courrier que j'ai pu connaître ce qu'il m'importait tant de savoir. Je nolise le bâtiment le plus fin voilier que je puis trouver libre à Calcutta ; une tempête abominable me fait perdre huit jours dans le détroit de Bab-el-Mandeb.

» La moitié de mon équipage sort de l'embouchure du Gange emportant le choléra bleu, et crève le plus mal à propos du monde. Au fond de la mer Rouge, je trouve la peste, et l'isthme de Suez barré par toute sorte de quarantaines. J'écris sur la bosse d'un chameau, au brave Mackgill une lettre qui a dû lui arriver déchiquetée en harbe d'écrevisse, parfumée de vinaigre et de fumigations aromatiques, tatouée de vingt couleurs comme une peau de Caraïbe, et transmise avec une respectueuse terreur par les pincettes de toutes les *santés*.

» Au risque de me faire tirer des coups de fusil, je

franchis les obstacles des quarantaines, car la peste avait peur du choléra. Étrange délicatesse! Heureusement, j'ai trouvé, flânant le long des côtes, non loin d'Alexandrie, le brave capitaine Peppercul, homme sans préjugés contagionistes, qui a bien voulu, moyennant une somme énorme, me prendre à son bord et m'emmener en Angleterre en évitant avec soin les ports à lazaret.

» Jamais je n'ai été plus nerveux que dans ce maudit voyage. Moi, si calme d'ordinaire, j'étais comme une petite-maîtresse qui a ses vapeurs parce que son mari lui refuse quelque chose de déraisonnable. Enfin me voilà bientôt au terme. Ma lettre, arrivée un jour avant moi, a dû donner le temps de tout préparer : il est neuf heures; dans deux heures, je serai à Londres.

» Eh bien, postillon, dit-il comme pour résumer son monologue en baissant la glace, il me semble que nous faiblissons.

— Milord, à moins d'atteler les griffons dont parle l'Écriture, ou de conduire le char de feu d'Élie, il n'est pas humainement possible d'augmenter ce train : je défie quelque postillon que ce soit, fût-il payé six guinées, d'extraire, à coups de fouet, une plus grande somme de vitesse des jarrets de quatre pauvres bêtes, répondit majestueusement Little-John en tournant un peu la tête.

Cependant, par une concession polie au désir extravagant du voyageur, Little-John, qui, dans ses relations avec le beau monde, avait acquis du savoir-vivre, fit claquer son fouet deux ou trois fois; mais, comme il l'avait bien prévu, ce stimulant était devenu inutile, et la mèche, quoique adressée aux épaules des chevaux, n'obtenait pas même de leur part un seul frémissement d'impatience ou de douleur.

Bientôt le cheval qui côtoyait le porteur, et qui râlait comme un soufflet de forge, se couvrit d'écume; son poil se hérissa, sa tête s'encapuchonna, ses pieds perdirent le rhythme du galop; incertain et chancelant, il s'appuya et s'épaula contre son compagnon de trait, puis il s'abattit et tomba sur le flanc; l'attelage, lancé à fond, ne pouvant s'arrêter, le pauvre animal fut emporté pendant un assez long espace de temps, rayant de son corps la poussière du chemin. Little-John, ayant maîtrisé ses chevaux, le tira violemment par la bride; lui appliqua les plus énergiques coups de manche de fouet, croyant seulement à une chute;

mais Black ne 'devait plus traîner de voyageurs dans cette vie : ses flancs, trempés comme si les eaux du ciel et les flots de la mer les eussent lavés, palpitèrent sous une suprême convulsion ; il se releva dans le délire de la douleur et fit quelques pas en tirant la voiture hors la droite ligne; il avait l'air de ces fantômes de chevaux mornes et mutilés qui se relèvent du milieu des tas de cadavres sur les champs de bataille abandonnés.

Dominés par l'ascendant et la terreur de la mort qui s'approchait et qu'ils sentaient avec leur admirable instinct, les autres chevaux, malgré les efforts de Little-John, qui leur déchirait la bouche, suivaient les titubations de leur pauvre camarade en proie à la noire ivresse de l'agonie.

Au moment où la voiture, complétement déviée, allait verser sur le rebord de la route, Black roula à terre comme si des couteaux invisibles lui eussent coupé en même temps les quatre jarets; son grand œil effaré se troubla, se couvrit d'une taie bleuâtre ; un flot d'écume vint mousser dans ses narines sanglantes, ses jambes s'allongèrent et se roidirent comme des pieux.

C'en était fait de Black, un honnête cheval digne d'un meilleur sort !

Tout cela s'était passé en moins de temps qu'il n'en a fallu pour l'écrire.

L'étranger sortit précipitamment de la voiture : sa figure portait les traces de la contrariété la plus violente.

— Il ne manquait plus que cela ! dit-il avec un accent de fureur concentrée, en poussant du pied le cadavre de Black ; cette misérable rosse que voilà aplatie par terre comme une découpure de papier noir ne pouvait-elle pas vivre dix minutes de plus ? Allons, vite, ôtons cette charogne d'entre les traits ; j'aperçois là-bas la maison de la poste, dépêchons-nous de la gagner.

Et l'étranger donna à Little-John, qui avait mis pied à terre, un coup de main qui annonçait de sa part une connaissance profonde des choses de l'écurie. Il défaisait les boucles sans hésiter, et se retrouvait à merveille dans les complications des harnais embrouillés par les efforts désespérés du pauvre Black. Le postillon, qui avait été d'abord scandalisé du peu de sensibilité de l'inconnu à l'endroit du cheval mort, se sentit pénétré pour lui d'une sincère admiration et lui accorda son estime de palefrenier, la chose dont il était le plus avare au monde.

— Quel dommage que vous soyez un lord ! dit-il à l'étranger ; vous auriez joliment gagné votre vie dans notre état ; mais peut-être vaut-il mieux pour vous être lord. Pauvre Black ! continua-t-il en lui ôtant la bride, qui aurait dit ce matin que tu mangeais ta dernière mesure d'avoine ? Ce que c'est que de nous !

Telle fut l'oraison funèbre de Black ; à défaut d'éloquence, l'émotion ne manquait pas à l'orateur ; une lueur humide brillait dans la prunelle de Little-John, et, s'il n'eût porté à temps à ses paupières le revers usé de sa manche, une larme eût peut-être coulé entre sa joue vergetée par le froid et son nez rougi par le vin.

L'âme de Black, s'il survit quelque chose des animaux, dut être satisfaite et pardonner à Little-John les coups de lanière qu'il avait pu appliquer injustement au corps qu'elle habitait ; car il n'était guère prodigue de marques d'attendrissement, et c'était bien le postillon le plus stoïque qui eût jamais lustré le fond d'une culotte de peau de basane sur le troussequin d'une selle.

— En route ! s'écria l'étranger d'un ton brusque.

Little-John enfourcha de nouveau son porteur, et la voiture recommença à rouler, non plus si vite, mais d'un train encore fort raisonnable.

Le relais fut atteint en quelques minutes, et l'inconnu, ayant plongé sa main dans sa poche, la retira pleine de guinées qu'il versa à la hâte dans la main calleuse du postillon.

— Voilà, dit-il, pour ton pourboire et pour ta bête.

Little-John, ébloui, commença une phrase de remerciment d'une construction si compliquée, qu'il fut forcé de renoncer à la finir, et s'écria brusquement au milieu de sa période suspendue, comme pris d'une inspiration subite, en s'adressant à un garçon d'écurie qui rôdait autour de la voiture :

— Eh ! Smith, jette donc un seau d'eau sur les roues ; elles sont échauffées et pourraient prendre feu.

En effet, une fumée légère s'échappait des moyeux et prouvait que la crainte exprimée par Little-John n'avait rien de chimérique.

Le rustre dit en voyant flotter la vapeur autour des essieux :

— Tiens, c'est vrai : il faut, Little-John, que tu aies mené d'un fier train aujourd'hui ; car, soit dit sans offenser, toi, ta voiture et ton attelage, il y a longtemps que le feu n'a pris à tes roues. Le particulier est donc généreux ?

— Comme un lord maire le jour de son installation ; mais, s'il est généreux, il n'est guère endurant. Ainsi, dépêche-toi.

Smith courut en toute hâte plonger un seau dans une auge en pierre et aspergea abondamment les moyeux. Pendant ce temps, les servants d'écurie, aussi prompts qu'habiles, avaient agrafé à la voiture un attelage plein d'impatience et de vigueur. Le postillon était en selle, et un courrier bien monté avait pris l'avance pour faire préparer les relais ; car Jack, plus expert aux choses de la mer qu'à celles de la terre, avait négligé cette précaution.

La voiture de maître Geordie reprit sa course, comme emportée par des hippogriffes.

En ramenant les chevaux, Little-John ne put s'empêcher de s'arrêter quelques minutes devant le cadavre de Black étendu sur la grande route.

—Hélas ! soupira le postillon, il avait trop d'ardeur, c'est ce qui l'a fait mourir. Il tirait tout à lui seul. Vous ne mourrez pas comme ça, vous autres, tas de fainéants et de clampins ! ajouta-t-il en faisant voltiger sa mèche autour des croupes rebondies et pommelées des trois survivants, qui répondirent par quelques ruades à cette moralité ; il n'y a pas de danger que vous vous miniez le tempérament.

Pour n'avoir plus à revenir à cet intéressant Little-John, et pouvoir suivre à notre aise notre inconnu dans sa course furibonde, disons que ce garçon, honnête et consciencieux à sa manière, donna à maître Geordie la moitié de la somme qu'il avait reçue de l'étranger pour la perte de Black. Des postillons moins vertueux eussent pu garder les deux tiers pour eux avec une vraisemblance suffisante.

Aucun incident remarquable ne signala les autres postes. La voiture de maître Geordie roulait avec une vélocité toujours soutenue sur ces admirables routes anglaises, unies comme une table et mieux soignées que ne le sont chez nous les allées des parcs royaux.

Déjà se balançait à l'horizon l'immense dais de vapeurs toujours suspendu sur la ville de Londres. La vue de cette brume fit plus de plaisir au voyageur que l'aspect du plus splendide azur vénitien.

— Ah! voilà la fumée de la vieille chaudière du diable, dit l'étranger en se frottant les mains d'un air de satisfaction profonde : nous approchons !

Les cottages et les maisons, d'abord disséminés, commençaient à former des masses plus compactes. Des ébauches de rue venaient s'embrancher sur la route. Les hautes cheminées de briques des usines, pareilles à des obélisques égyptiens, se dressaient au bord du ciel et dégorgeaient leurs flots noirs dans le brouillard gris. La flèche pointue de Trinity-Church, le clocher écrasé de Saint-Olave, la sombre tour de Saint-Sauveur avec ses quatre aiguilles, se mêlaient à cette forêt de tuyaux qu'elles dominaient de toute la supériorité d'une pensée céleste sur les choses et les intérêts terrestres.

Plus loin, derrière ce premier plan découpé en dents de scie par les angles des édifices, se distinguait vaguement, à travers la brume bleuâtre flottant sur le fleuve et les espars compliqués des navires, la silhouette de la tour de Londres et le dôme gigantesque de Saint-Paul, contrefaçon britannique de Saint-Pierre de Rome, qui, légèrement estompé par le brouillard, ne faisait pas trop mauvaise figure à l'horizon.

Soit que cet aspect lui fût familier, soit que la préoccupation éteignît en lui la curiosité, l'inconnu ne jetait les yeux sur les objets qu'encadrait successivement la vitre de la portière que pour se rendre compte du chemin parcouru.

La voiture traversa le pont de Southwark, faisant autant de bruit avec ses roues que le chariot sur le pont d'airain de Salmonée, puis s'engagea de l'autre côté du fleuve en remontant vers le Strand, dans ce dédale de petites rues qui longent la Tamise, et s'arrêta au bout d'un de ces passages connus à Londres sous le nom de *lane*, dans les environs de l'église Sainte-Margareth.

L'étranger tira sa montre et parut délivré d'un grand poids.

L'aiguille marquait onze heures.

Une distance de vingt lieues avait été franchie en trois heures.

Il jeta du côté de Sainte-Margareth un regard qui

parut le satisfaire ; puis il s'enfonça résolûment dans la petite ruelle, que l'ombre de l'église et la hauteur des maisons rendaient encore plus obscure.

A peine eut-il fait quelques pas dans le lane, qu'un individu sembla se détacher de la muraille où il se tenait collé, et avec laquelle se confondait presque la couleur terne de ses vêtements, et s'avança vers l'inconnu.

— Vous venez de là-bas pour la chose en question ? murmura-t-il, en passant près de lui.

— Oui, et je suis recommandé par Mackgill, Jack et le capitaine Peppercul, répondit l'inconnu sur le même ton.

— Suivez-moi : tout est prêt.

Tous deux marchèrent jusqu'à une maison de mauvaise apparence, où leur venue était sans doute guettée de l'intérieur, car la porte s'ouvrit aussitôt et se referma sans bruit.

Pendant que la voiture vert-olive de maître Geordie roulait sur la route de Londres avec la foudroyante impétuosité que nous avons décrite, *la Belle-Jenny* n'était pas non plus restée oisive. Après avoir pris à son bord Mackgill et le camarade Jack, elle avait continué sa route allègrement poussée par une jolie brise ; le rocher de Shakspeare doublé, elle avait passé devant Deale et Docons, et, suivant la ligne des blanches falaises, remonté jusqu'à Ramsgate; puis, entrant dans l'embouchure du fleuve, elle s'était arrêtée à la hauteur de Gravesend, à la tombée de la nuit, et avait jeté l'ancre derrière une flottille de charbonniers de Hull, dont les voiles noires eussent pu faire mourir de chagrin le père de Thésée, et, là, à voir son air débonnaire et paisible, on eût dit un honnête navire attendant l'heure de la marée pour remonter au pont de Londres et déposer devant Custom-House la plus légitime cargaison de marchandises.

Pourtant la hauteur de ses deux mâts, la largeur de ses vergues, la coupe évidée de sa coque, où la contenance avait été évidemment sacrifiée à la légèreté de la marche, donnaient à *la Belle-Jenny*, malgré sa mine hypocrite, un air leste et fripon que n'ont pas les bâtiments dont l'unique occupation est de transporter de la mélasse. En revanche, aucun capitaine n'aurait pu montrer des papiers mieux en règle que ceux du capitaine Peppercul.

III

Bien que la maison devant laquelle nous avons conduit notre lecteur soit d'une apparence médiocrement engageante, nous espérons qu'il voudra bien, sous notre conduite, devancer de quelques pas l'inconnu et son guide, et y pénétrer avec nous.

Au dehors, elle n'avait rien de particulièrement repoussant et paraissait à peu près semblable aux autres maisons de la rue. Cependant sa façade étroite et comprimée par les façades voisines, épanouies plus largement, avait un air de gêne et de contrainte, comme un fripon en bonne compagnie. Ses murailles de briques d'un jaune malsain produisaient l'effet du teint aigre et blême d'un débauché à côté des faces rougeaudes et bien portantes des édifices juxtaposés Ce logis, de peur d'être borgne ou louche, s'était fait aveugle. Toutes les fenêtres étaient fermées, et rien de la maison ne regardait dans la rue pour éviter la réciprocité.

Suivant l'usage de Londres, un petit fossé garni de grilles la séparait de la rue ; la grille, toute couverte de cette imperceptible poussière de charbon que tamise perpétuellement le ciel anglais, était noire comme la balustrade qui entoure une tombe, et prouvait, de la part des maîtres ou des locataires, une profonde incurie du confort et de la propreté, si toutefois cette maison était ordinairement habitée, car rien n'y révélait la présence de l'homme. La cheminée n'y dégorgeait pas de fumée, et le bouton de cuivre de la sonnette, tout couvert de poussière et tout vert-de-grisé, ne semblait pas avoir été touché de longtemps ; rien ne vivait sur ces murailles endormies, mornes et délavées par la pluie.

En étudiant un peu l'aspect extérieur de cette maison, dont la devanture, à cause de son manque de largeur, ne pouvait admettre que deux fenêtres de front et une chambre par étage, y compris la cage de l'escalier, un observateur attentif eût compris que cette façade n'était que le masque d'un autre édifice situé à une grande distance de la rue, et à qui elle servait pour ainsi dire de couloir ; car les angles des marches de pierre du perron, élimées et arrondies au milieu, témoignaient d'un passage plus fréquent que n'aurait pu le faire supposer la médiocrité du taudis.

En effet, la porte s'ouvrait sur un long corridor obscur, humide, où circulait avec peine un air rarement renouvelé, fétide et glacial : un air de tombe, de cave ou de cachot ; les parois de cet étroit boyau miroitaient à hauteur d'homme, par les tâtonnements successifs des mains grasses qui avaient cherché leur chemin dans son ombre. Le sol était couvert d'un enduit de boue gluant par places, calleux dans d'autres, qui témoignait du passage d'un grand nombre de semelles crottées. Au bout de quelques pas, la lumière avare qui filtrait par les carreaux jaunis de l'imposte s'éteignait, et il fallait marcher assez longtemps dans la nuit la plus profonde. Le corridor traversait probablement des maçonneries compactes et ne pouvait s'éclairer même par des jours de souffrance ; peut-être même, en de certains endroits, était-il complétement souterrain, à en juger du moins par l'eau qui suintait des pierres.

L'homme qui eût suivi ce couloir pour la première fois eût été bien vite désorienté par les nombreux coudes qu'il faisait, et n'aurait pu en deviner la direction.

L'inconnu, précédé du singulier personnage aux vêtements couleur de muraille, marchait de ce pas ferme mais prudent, où un pied ne quitte la terre que quand l'autre est bien appuyé : non qu'il pût redouter quelque piége, quelque trappe à bascule, puisque le guide passait devant lui; mais il ressentait cette appréhension vague qu'inspirent aux plus braves l'obscurité et le froid sous une voûte basse entre deux murailles étroites.

Par un mouvement instinctif, ses mains avaient cherché sous son manteau si ses deux petits pistolets de poche étaient bien à leur place.

A une assez grande distance au fond de l'ombre, quelques raies rougeâtres commençaient à se dessiner, indiquant une chambre éclairée, dont les lumières filtraient à travers les ais d'une porte mal jointe.

Le guide poussa un piaulement bizarre, — signe convenu de reconnaissance.

Un grincement de verrous se fit entendre à l'intérieur, et la porte, s'entre-bâillant, laissa tomber subitement dans le noir passage un rouge flot de clarté.

Usant de nos priviléges de romancier, nous pénétrerons avant l'étranger dans ce bouge étrange où il semblait attendu, quoique, à vrai dire, il fût impossible de deviner quelle espèce de relations pouvaient exister entre ce jeune homme à figure noble et pure et les hôtes bizarres de ce taudis.

C'était une chambre assez grande où le principa objet qui saisit d'abord les yeux était une cheminée de forme ancienne, où grésillait dans une grille un feu très-vif de charbon de terre, dont les reflets flamboyants illuminaient la pièce; car il fallait compter pour rien ce jour louche et douteux tombant d'une fenêtre dont les carreaux inférieurs étaient soigneusement barbouillés de blanc d'Espagne, et qui s'ouvrait sur un de ces puits sombres qu'on appelle des cours dans les grandes villes; les deux vitres restées claires ne laissaient voir que des auvents et des toits désordonnés de tuiles d'un ton criard, que des tuyaux et des cages de planches noires, toutes les misères intérieures d'une bâtisse ignoble et pauvre.

Les murailles, mises à nu par le frottement des épaules, dans les portions inférieures, conservaient dans le haut quelques traces de peinture d'un ton rouge sombre comme du sang vieilli. Sur ce fond, les habitants du lieu avaient, dans leurs moments d'attente ou de loisir, sculpté, avec la pointe d'un clou ou d'un couteau, une foule de dessins et d'arabesques du plus haut caprice, dont les linéaments blancs ressortaient comme les compositions des vases étrusques, et démontraient un art non moins pur, non moins primitif.

Le thème favori de ces artistes inconnus, celui qui se reproduisait le plus fréquemment à travers ces fantaisies ornementales, c'était, il faut l'avouer, un gibet orné de son fruit. Ce choix trahissait-il des préoccupations habituelles, ou ne venait-il que du joli effet produit par les trois montants de la potence anglaise, réunis à leur sommité par des traverses de bois formant triangle, et dont la silhouette pittoresque séduisait les dessinateurs? C'est une question délicate à résoudre. — Ces représentations, quelque grossières qu'elles fussent, se recommandaient par la fidélité et l'exactitude technique. Malgré la barbarie du dessin et les monstrueuses licences anatomiques, les mouvements et les attitudes des petits personnages suspendus offraient cette vérité saisissante que l'art le plus avancé n'atteint pas toujours ; les nœuds coulants étaient bien placés, et trahissaient des spectateurs assidus du théâtre de Tiburn.

Ces grotesques esquisses, tracées avec une jovialité terrible, faisaient rire et faisaient trembler. Plusieurs coupes, épures et élévations de la prison de Newgate, alternaient avec cet aimable sujet, et, à défaut de correction architecturale, attestaient une grande connaissance et un vif souvenir des lieux. Des têtes du profil le plus bizarre, tenant des pipes entre leurs dents, y faisaient la grimace à des lions couronnés et autres bêtes apocalyptiques ; des vaisseaux, plus fantastiques que ceux de Della-Bella, s'y dandinaient sur des mers impossibles. Tout cela était tracé à grands traits, et sans beaucoup de respect de la figure voisine ; des dates, des chiffres et des lettres d'une calligraphie hasardée, compliquaient cet effroyable grimoire, où les seuls mots lisibles étaient : paresse, vice et crime.

L'ornementation de la salle n'avait cependant pas été laissée tout entière à ces fantaisies de rencontre; un art plus cultivé se faisait sentir dans les pancartes gravées sur bois et coloriées, représentant le chandelier d'or aux sept branches mystiques, la chaste Suzanne et les vieillards, le portrait de George III, le retour de l'Enfant prodigue, les principales poses de la boxe, les exploits de Jack Sheppard et de Jonathan Wild, ces Cid et ces Bernard de Carpio du romancero picaresque, des combats de coqs et des *prises* de bouledogues célèbres, des courses d'Epsom et de New market, etc., etc.

Une atmosphère chaude, étouffante, chargée de miasmes de charbon de terre, de fumée de tabac et de l'âcre parfum du wiskey, flottait dans cette chambre et prouvait, de la part de ceux qui la pouvaient soutenir des nerfs olfactifs bien robustes.

Pourtant, les trois ou quatre individus qui s'y tenaient ne semblaient pas en souffrir. Au contraire, une sensation de grossier bien-être épanouissait leurs faces plombées et communes.

Ils portaient des habits noirs, des gilets de satin et des chapeaux ronds; mais, avant d'arriver à eux, ces habits, partis peut-être du beau Brummel, avaient dû accomplir bien des pèlerinages et subir bien des mésaventures. Ces vêtements délabrés, d'un drap jadis soyeux, d'une coupe dont l'élégance se devinait encore, et qui, dans leur dégradation, gardaient quelque chose du pli que leur avaient fait prendre leurs premiers et fashionables possesseurs, formaient une caricature tristement plaisante, un muet poëme satirique plein de raillerie et de dérision.

Un seul d'entre eux ne portait pas ce costume mondainement misérable. Une chemise de laine rouge, une cotte de toile goudronnée, un chapeau de cuir ayant pour jugulaire une ficelle, tel était son habillement, celui d'un simple matelot.

Une expression d'audace relevait ce que ses traits pouvaient avoir de trivial et de dur, et, dans ses yeux d'un bleu clair et froid comme celui des océans polaires, brillait un rayon d'intelligence.

Les autres semblaient, du reste, lui parler avec une sorte de déférence, quoiqu'il fût accoudé à la même table et se versât des rasades du même pot de double bière.

— Eh bien, Saunders, dit l'un des hommes en habit

noir au matelot en vareuse rouge, l'heure approche où le gentleman pour qui nous devons travailler va venir.

— Oui, répondit laconiquement Saunders, qui s'occupait, tout en buvant, à pétrir dans le creux de sa main un corps noirâtre pressé entre deux linges.

— Est-ce que vous le connaissez, Saunders, ce gentleman ? continua l'interlocuteur.

— Non, répliqua Saunders, décidément ami du style monosyllabique.

— Ah ! ajouta, comme pour fermer la conversation, le personnage à l'habit noir, en s'accoudant à la table d'un air méditatif.

Saunders se leva, et, se dirigeant du côté du foyer, présenta à la flamme la substance brune, qu'il étala sur le linge coupé en forme de masque.

— Est-ce que vous avez envie de vous déguiser et d'aller au bal masqué avec la belle Nancy ? reprit le parleur obstiné.

— J'ai une démangeaison furieuse, Noll, de te camper cette emplâtre sur le museau et de te clore ainsi le bec, insupportable bavard ! répondit Saunders avec un grognement aussi agréable que celui d'un ours blanc agacé sur une banquise par une gaffe de baleinier. Au lieu de me questionner, va plutôt lever la trappe, et appelle, pour savoir si les autres sont arrivés.

Noll se dirigea vers un coin de la pièce, déplaça une malle et quelques paquets, saisit un anneau incrusté dans le plancher, et souleva, avec l'aide de son camarade Bob, une trappe assez lourde.

Lorsque la trappe s'ouvrit, une bouffée d'air froid et chargé de vapeurs d'eau s'engouffra dans la chambre.

Bob, roidissant ses bras, qui, bien que minces et décharnés, ne manquaient pas de vigueur, soutint la trappe à demi entr'ouverte.

S'agenouillant sur le bord de la cavité, Noll plongea sa tête dans le gouffre : le fond en était si obscur, qu'on n'y pouvait rien démêler; cependant la force et la fraîcheur du courant d'air ne permettaient pas de penser que cette trappe fût l'ouverture d'une cave, et, en prêtant une oreille attentive, on eût discerné, dans le lointain, comme un sourd clapotis d'eau.

— Je n'entends rien, dit Noll après quelques minutes d'auscultation ; je m'en vais faire le signal.

Et il poussa un cri modulé et guttural qui résonna

dans les profondeurs du souterrain, sans obtenir d'autre réponse que celle de l'écho.

— Au fait, dit Saunders, nous n'avons pas encore besoin d'eux, et il n'est guère agréable de se morfondre sous cette voûte noire. — Il fera nuit de bonne heure aujourd'hui, continua-t-il mentalement, en jetant les yeux vers les deux barreaux par où l'on eût pu apercevoir le ciel, si les flocons du brouillard, de plus en plus épais, ne l'avaient complétement intercepté. Tant mieux, notre besogne en sera plus facile... — Bob, le chariot chargé de marchandises qui doit obstruer le bout de la ruelle, de peur qu'on ne nous dérange pendant cette opération, est-il prêt à marcher?

— Oui, maître Saunders; Cuddy est à la tête de ses chevaux et vous fera un embarras si compacte, qu'une belette ne pourrait s'introduire dans la ruelle. Oh! le drôle est adroit. A le voir ainsi fagoté, on dirait qu'il n'a fait autre chose de sa vie que de conduire des voitures; ce n'est pourtant pas son métier, répondit Bob en riant et comme enchanté de cette facétie. Vous travaillerez là comme dans un bois ou sur une plage déserte.

— Vous avez trop d'esprit, Bob, répondit Saunders; vous ne vivrez pas jusqu'à votre mort, prenez-y garde !

Pendant que ceci se passait dans la chambre historiée des merveilleux gribouillages que nous avons décrits, une yole fine, légère, taillée en poisson, et manœuvrée par quatre rameurs qu'on aurait cru animés par un mécanisme, tant leurs mouvements s'opéraient avec une précision mathématique, remontait le cours de la Tamise sans paraître fatiguée de l'agitation des vagues et du remous de la marée. Les avirons s'enfonçaient dans l'eau sans en faire jaillir une goutte, s'ouvraient et se fermaient avec la facilité d'un éventail de jolie femme.

Quoique la brume, qui s'épaississait toujours, rendît la navigation difficile et multipliât les chances d'abordage dans ces rues de navires qui forment une ville maritime en avant du pont de Londres, la yole se faufilait en frétillant entre les obstacles avec une adresse et une légèreté inouïes. On eût dit qu'elle portait à sa proue, tant était grande sa sensibilité divinatrice, ces tentacules qui font pressentir les objets à de certains insectes et qui sont comme la vue du toucher.

Quand elle eut dépassé le pont de Londres, dont

les arches énormes, s'ébauchant par de grandes masses noires sur le ciel grisâtre, formaient un de ces effets à la Martynn que les Anglais appellent *babylonian*, et qu'elle se trouva dans un bassin relativement plus libre, elle fila avec une vélocité double. Elle eût, comme une truite, remonté une écluse de moulin ou une cascade.

Bientôt elle dépassa successivement les ponts de Southwark, de Blackfriars, et, serrant la rive de plus près, se mit à longer Temple-Hall et Temple-Gardens; elle se glissa sous l'arche du pont de Waterloo la plus voisine de terre, se rapprocha du bord, et vint s'engouffrer dans une arcade basse à demi masquée par les saillies des avant-corps au milieu desquels elle était pratiquée. Quelques bateaux chargés étaient amarrés à l'entour, et ce bâtiment, fait de briques et de planches, autant qu'on pouvait le démêler à travers le brouillard, avait l'air d'un magasin ou d'un entrepôt de marchandises.

L'embarcation pénétra sous cette voûte basse, qui s'étendait beaucoup plus qu'on n'aurait pu le croire d'abord; un coude soudain, fait à peu de distance de l'orifice, en dissimulait habilement la profondeur.

Après quelques minutes d'une nage prudente, les nageurs sortirent leurs avirons de l'eau, et l'un d'eux, cherchant à tâtons un anneau scellé dans le mur, après l'avoir rencontré, y passa une corde et attacha la yole; puis, les uns après les autres, ils sautèrent sur la première marche, à moitié couverte d'eau, d'un escalier que leur habitude des localités leur fit trouver sur-le-champ, malgré la nuit qui les enveloppait.

Une grille qu'un des matelots ouvrit barrait le passage à cet endroit.

L'escalier, après une trentaine de marches, aboutissait à un plafond que le premier des matelots heurta assez fort de la tête.

— Au diable la distraction! j'ai mal compté, et je me suis trompé d'une marche en montant. Ma punition est une bosse au front; heureusement que j'ai le crâne plus dur qu'un bifteck à la taverne de l'*Artichaut couronné.*

— Eh bien, Snuff, que vous arrive-t-il? qu'avez-vous à grommeler entre vos dents, comme une vieille femme papiste qui égrène son chapelet, au lieu de cogner au plancher et de faire le signal? Croyez-vous que nous nous amusions là, derrière vous, sur cet escalier plus roide qu'une échelle de potence?

— Je vais frapper contre le plafond, et en même temps pousser le cri.

Un coup sourd retentit dans le souterrain, bientôt suivi d'un piaulement aigre et prolongé.

— Qui travaille là, sous le plancher? dit Saunders tressaillant à ce son bien connu.

Et, frappant du talon sur la trappe :

— Paix là, vieille taupe! on y va! ajouta-t-il, parodiant à son usage le mot d'Hamlet à l'Ombre; car Saunders avait vu récemment, au théâtre de Drury-Lane, cette pièce du vieux Shakspeare, qui avait fait une vive impression sur sa nature rude mais poétique,

La trappe s'ouvrit, et, rabattue sur ses charnières, laissa émerger successivement du gouffre humide quatre gaillards qui, s'ils n'avaient pas l'air précisément *convenable*, portaient du moins, sur leurs faces rougies par les intempéries de l'air, une expression d'astuce et d'audace significative de qualités énergiques dépensées peut-être en dehors du cercle des choses permises.

— Y a-t-il encore du gin et du wiskey? s'écria le premier qui mit le pied sur le plancher.

Et il courut aussitôt à la table vérifier si quelques gouttes des précieuses liqueurs perlaient encore au fond des bouteilles.

— Oh! dit le second, quand Moll et Bob sont restés accoudés face à face un quart d'heure, séparés par une bouteille, la pauvre petite se meurt bientôt de consomption.

— Allons, ne pleure pas, Snuff, répondit Noll en tirant d'un coin une bouteille pleine. Belzébuth se lécherait les lèvres s'il tâtait de cela. C'est du vitriol pur, du feu liquide sans mélange de rien de fade. Es-tu comme moi? plus je vais, plus je trouve le gin faible!

— C'est la vie, mon vieux: plus on va, plus on perd ses illusions. Nous avons tous cru à la force du gin. Est-on simple quand on est jeune! modula mélancoliquement Snuff, en versant une rasade philosophique de *ruine bleue*.

Le conciliabule en était là lorsque l'étranger et son guide, après avoir fait le signal de reconnaissance, pénétrèrent dans la salle.

Il promena son regard clair sur ces estimables canailles, qui, involontairement, baissèrent les yeux, à l'exception de Saunders, dont le visage paraissait un mufle parmi des museaux, une hure parmi des groins. Il y avait en lui l'étoffe d'un crime. Les autres n'étaient capables que de délits. C'était un pirate; ses camarades n'arrivaient qu'au voleur.

L'étranger, avec cette délicatesse des âmes cultivées, devina tout de suite que le moins ignoble de la bande était Saunders; d'un regard, il en fit le chef, et ce fut à lui qu'il adressa la parole.

— Tout est-il disposé d'après le plan convenu? dit l'étranger d'un ton impératif et calme.

— Oui, milord; nous n'attendons plus pour agir que le bon plaisir de Votre Grâce, répondit Saunders poliment, mais sans basse obséquiosité.

— Bien; l'heure d'agir est arrivée.

— Allons, dit Noll à Bob, va dire à Cuddy de s'engager dans la uelle avec sa voiture.

Bob sortit après avoir essayé de donner avec sa manche usée un peu de lustre à son feutre sans poil; car, disait-il, il fallait toujours avoir l'air d'un homme du monde.

Saunders disposa son masque de poix dans le fond de sa main épaisse, et s'apprêta à sortir.

— L'homme avec lequel j'entrerai dans la ruelle en causant est celui qu'il faut enlever, dit l'inconnu ; mais surtout pas de violences, pas de brutalités !

— Soyez tranquille, milord : le gentilhomme sera manié délicatement, comme une caisse où il y a écrit : « Fragile, » répondit Noll avec une fatuité de contrebandier.

Tous les hommes de la bande sortirent les uns après les autres, pour ne pas donner de soupçon, et se mirent à flâner le plus naturellement du monde dans ce ane désert.

L'étranger se dirigea seul du côté de l'église Sainte-Margareth.

IV

Usant des priviléges du romancier, nous allons sauter, sans transition aucune, du sombre bouge que nous venons de décrire, dans une élégante maison du West-End. Cet écart, loin de nous éloigner de notre histoire, nous y ramène. La scène est bien différente; mais nous n'avons pas cherché le contraste.

Les femmes de miss Amabel Vyvyan venaient de mettre la dernière main à sa toilette de mariée, et Fanny, par surcroît de précaution, fixait par une nouvelle épingle enfoncée dans l'épaisse torsade de cheveux bruns enroulés derrière la tête d'Amabel, un long voile de dentelle d'Angleterre, qui retombait en plis transparents sur la blanche toilette nuptiale.

Mary et Susannah, les deux autres caméristes, lorsqu'elles virent le voile définitivement attaché, prirent deux flambeaux qui brûlaient sur la table, et les tinrent élevés pour que leur jeune maîtresse pût se contempler à son aise dans la glace; car, bien qu'il fût près de onze heures du matin, à peine si un rayon livide de lumière pénétrait à travers les vitres et les rideaux; un de ces brouillards jaunes, épais, suffocants, si communs à Londres, pesait sur la ville et continuait dans le jour les ombres de la nuit.

La tête, qui, illuminée de reflets soudains, se réfléchit comme entourée d'une auréole sur le fond sombre de la glace, était d'une beauté à ne le céder en rien aux plus pures créations de l'art grec.

Ce qui frappait surtout dans ce divin visage, c'était une blancheur lactée, marmoréenne, éblouissante, lumineuse pour ainsi dire, où les traits se dessinaient avec la transparence et la finesse de ceux d'une statue d'albâtre oriental. Quoiqu'il soit dans l'habitude des jeunes fiancées près de marcher à l'autel d'avoir les joues couvertes du voile épais de la pudeur, celles d'Amabel étaient à peine colorées d'une imperceptible teinte vermeille semblable à celle qui ravive le cœur des roses blanches. Le sang d'azur de l'aristocratie veinait cette chair délicate, fleur de serre chaude que n'avait jamais fatiguée le soleil ni la pluie, fine pulpe composée de sucs exquis et de purs éléments où la rusticité plébéienne n'avait pas un atome à revendiquer.

L'absence des soucis matériels, les recherches d'un luxe héréditaire, la confortabilité parfaite de la vie, l'habitation de vastes appartements et de châteaux aux grands parcs pleins d'ombrages et d'eaux vives, jointes à la pureté de la race, amènent souvent la beauté anglaise à une perfection inimaginable. Le marbre vivant dans lequel sont sculptés ces beaux corps n'a de rival dans aucun pays du monde, pour l'éclat, la finesse et la transparence du grain. Les carrières de Paros et de Pentélique humains se trouvent dans l'antique Albion, ainsi nommée plutôt à cause de ses femmes que de ses falaises.

Amabel était la plus blanche fille de ce nid de cygnes arrêté au milieu de l'Océan.

Deux fins sourcils noirs rejoignaient leurs arcs à la

racine d'un nez qu'une légère inflexion aquiline rendait plus noble que le nez grec, sans lui rien ôter de sa correction, et couronnaient des yeux aux prunelles d'un brun intense et chaud nageant sur un cristallin d'une limpidité bleuâtre ; une bouche d'un pourpre vif éclatait comme un œillet rouge au milieu de cette pâleur, qu'elle rendait plus sensible et plus frappante.

Le long des belles joues d'Amabel se déroulaient deux molles spirales de cheveux soyeux et lustrés dont elle corrigea le tour du bout du doigt. Pour donner à sa toilette ce perfectionnement, elle mit en évidence une main d'une forme charmante, étroite, un peu longue, aux doigts effilés terminés par des ongles polis, brillants comme le jade, et d'une pureté aristocratique irréprochable. De telles mains, le désespoir des duchesses de la finance, ne s'obtiennent que par des siècles de vie élégante et se transmettent, comme les diamants, de génération en génération.

Apparemment, Amabel se trouva bien, car un léger sourire releva les coins de sa bouche sérieuse, et, se tournant vers Fanny, elle lui dit d'une voix harmonieuse comme de la musique :

— Fanny, vous vous êtes surpassée aujourd'hui. Je ne suis vraiment pas mal.

— Mademoiselle, car je peux dire encore mademoiselle, n'est guère difficile à parer. Elle va si bien à ses robes !

— Flatteuse ! Mais quelle heure est-il ?

— Onze heures vont sonner, répondit Fanny après avoir consulté de l'œil une pendule incrustée de burgau et posée sur un piédouche.

— Onze heures déjà ! et ma tante lady Eleanor Braybrooke qui n'arrive pas !

— Il me semble, répondit Fanny, que j'entends une voiture qui s'arrête devant la porte. Ce doit être lady Eleanor.

Un tonnerre de coups de marteau retentit au bas de la maison comme Fanny achevait sa phrase, présageant un personnage d'importance.

En effet, au bout de quelques minutes, un valet poudré et en bas de soie annonça en soulevant la portière :

— Lady Eleanor Braybrooke !

Une femme majestueuse et cambrée, ayant atteint cet âge si difficile à fixer, qu'on appelle poliment un certain âge, entra dans la chambre avec une roideur automatique, sans faire onduler le moins du monde son épaisse robe de soie. Ont eût dit que des rouages intérieurs la faisaient mouvoir et qu'elle s'avançait au moyen de roulettes de cuivre, comme ces poupées qu'un mécanisme caché fait circuler autour d'une table.

Le corselet dans lequel se moulaient ses charmes, développés par l'embonpoint de la quatrième jeunesse, eût préservé d'un coup de lance aussi bien qu'une armure de Milan, tant il était bardé de baleines, de lames d'aciers et autres engins compressifs. Comment la brave dame avait-elle pu s'introduire dans cette gaîne, c'est un mystère de toilette que nous respecterons ; mais elle avait dû subir une pression de quarante atmosphères pour obtenir ce résultat.

Son visage, large et carré, était diapré de toutes les fleurs de la couperose. Ses joues flambaient, son nez visait au charbon ; son front même était couleur de pralines. Cette physionomie incandescente s'encadrait de cheveux d'un roux britannique férocement crépés, et qui ressemblaient plutôt à des filaments de soie végétale qu'à des cheveux humains. Ce visage eût été des plus communs sans deux prunelles d'un gris dur et froid comme l'acier, qui en relevaient la trivialité par quelque chose de dédaigneux et d'impératif ; ce regard la signait grande dame, femme de *high lige*, malgré la bourgeoise épaisseur de ses formes et l'enluminure de son teint.

Lady Eleanor Braybrooke était veuve et servait de chaperon à miss Amabel Vyvyan, sa nièce, orpheline toute jeune et maîtresse absolue d'une assez grande fortune.

Dans la cérémonie importante qui allait avoir lieu, lady Braybrooke devait servir de mère à sa nièce.

Miss Amabel, quoique la chose ne soit guère romanesque, épousait, sans obstacle aucun, un jeune homme charmant, sir Benedict Arundell, qui l'aimait et qu'elle aimait depuis bientôt deux ans.

Sir Benedict Arundell était jeune et beau, noble et riche ; toutes les convenances étaient donc réunies dans cette union, puisque la fiancée possédait les mêmes qualités.

— Regardez donc, ma tante, quel affreux brouillard il fait, dit miss Amabel en tournant ses beaux yeux vers la fenêtre.

— Au commencement de novembre, cela n'a rien

d'étonnant dans la vieille Angleterre, répondit lady Eleanor.

— Sans doute; mais j'aurais désiré pour ce jour, le plus beau de ma vie, un ciel d'azur, un gai soleil, des parfums de fleurs et des chants d'oiseaux.

— Chère petite, avec une chambre bien tapissée, des bougies, un bon feu dans la grille, un flacon de mille fleurs et un piano d'Érard, on remplace tout cela... Je ne m'occupe guère du temps qu'il fait, moi.

— Toujours positive, ma tante !

— Toujours poétique, ma nièce !

— Je voudrais que la nature s'associât davantage à nos impressions : cette tristesse du ciel pèse à mon âme joyeuse.

— Enfant, si le bon Dieu, à ta requête, déchirait tout à coup les voiles de la brume, la splendeur du soleil offenserait peut-être comme une ironie quelque cœur blessé.

— C'est vrai, ma tante ; mais je n'ai pu, ce matin, me défendre de cette impression nerveuse.

— Bah ! sir Benedict Arundell aura bientôt dissipé cette mélancolie, répliqua lady Eleanor Braybrooke avec ce sourire équivoque et ridé dont les personnes d'âge ne sont pas assez ménagères.

Un roulement de voiture se fit entendre sous la fenêtre, et, bientôt après, sir Benedict Arundell parut.

Il était mis avec cette simplicité correcte, cette perfection exquise et n'attirant jamais l'œil qui caractérisent le parfait gentleman, et dont les Anglais possèdent seuls le secret : il avait évité le ridicule presque insurmontable de l'habit de noce, et cependant il n'y avait dans son costume aucune infraction à la solennité de la circonstance.

Sir Benedict Arundell, suivant l'usage, ne portait ni barbe, ni moustache, ni royale, ni aucun de ces ornements qui hérissent les visages continentaux ; seulement, sa figure lisse et polie était entourée de favoris châtains et passés au fer, qu'un artiste, amant du pittoresque, eût trouvés trop réguliers, mais qui eussent assurément obtenu l'approbation de feu Brummel et du comte d'Orsay.

Il avait ces traits d'Antinoüs un peu allongés et refroidis que présentent assez fréquemment les belles races d'Angleterre, et sa tête semblait la copie de quelque dieu grec faite par Westmacott ou Chantrey.

On n'aurait pu rêver un couple mieux assorti.

Le nuage qui couvrait le front d'Amabel se dissipa à l'aspect de son fiancé. Les yeux bleus de Benedict contenaient assez d'azur pour en faire un ciel. Une joie pure illumina les traits charmants de la jeune fille, qui tendit sa main aux lèvres de Benedict.

Les yeux gris de lady Eleanor Braybrooke petillèrent à ce tableau, qui rappelait sans doute une scène analogue où elle avait joué un rôle, mais déjà enfoncée dans un passé si lointain, qu'il fallait assurément une excellente mémoire pour s'en souvenir.

—Voilà pourtant comme nous étions, murmura lady Eleanor, ce brave sir George-Alan Braybrooke et moi, il y a vingt ans, à peu près !

Cet à peu près était assez énigmatique ; mais lady Eleanor n'aimait pas à formuler précisément, même à part soi, des dates qui auraient donné le chiffre exact de son âge. Ce rapprochement intérieur ne pouvait être juste que pour la bonne dame ; car, jeune, elle n'avait pas eu même la beauté du diable, et sir George-Alan Braybrooke, long, sec, roide, osseux, avec son menton carré, son nez à la Wellington, et sa bouche en estafilade, n'avait jamais ressemblé, même dans le temps de ses amours, à l'élégant Benedict Arundell.

— Allons, mes enfants, reprit lady Eleanor, il est temps de partir ; le chapelain a déjà dû revêtir son surplis, et les invités arrivent en foule.

Elle monta dans sa voiture avec Amabel, et Benedict prit place dans la sienne avec William Bautry, un de ses camarades.

Les cochers, poudrés, enrubanés, ornés d'énormes bouquets, la face écarlate et cardinalisée par de nombreuses libations préalables à la santé des futurs époux et de leur descendance, ajustèrent les guides dans leurs mains avec un air de *maestria* incomparable, clappèrent de la langue, touchèrent leurs chevaux du bout de la mèche, et le cortége partit pour l'église.

Le soleil avait fait d'inutiles efforts pour dissiper les vapeurs rabattues par le vent d'ouest sur la ville de Londres, et son disque pâli et sans rayons faisait à peine deviner la place qu'il occupait dans le ciel par une tache livide plus semblable à la face malade de la lune qu'au visage étincelant de l'astre du jour. Les lanternes où le gaz attardé dardait encore ses jets versaient une lumière presque aussitôt étouffée.

A quelque distance, les objets estompés se contournaient en formes étranges et fantastiques, les voitures avaient l'air de léviathans et de behemots, les passants incertains de géants et de fantômes, les murailles sombres des édifices prenaient des apparences de babels et de lylacqs, et il fallait toute l'habitude des cochers pour ne pas se perdre dans cet air opaque où mouraient les vibrations sonores, et qui semblait avoir ouaté les rues avec le duvet des nuages.

La chapelle où le mariage devait se célébrer était Sainte-Margareth, édifice dans le style ogival normand, avec une tour carrée, de puissants contre-forts, une immense fenêtre quadrilobée; construction lugubre d'aspect, aux murailles noires comme de l'ébène, dont les nervures, lavées par la pluie, avaient l'air, en tout temps, d'être couvertes de neige, assise au milieu d'un cimetière sans verdure et parsemé de tombes dont la forme, rappelant vaguement celle du cadavre, avait quelque chose de sinistre et d'horrible ; une grille que la poussière du charbon de terre, tamisée par les cent mille cheminées de Londres, avait rendue plus enfumée que les soupiraux de l'enfer, entourait ce champ de repos que l'agitation immédiate de la ville rendait encore plus morne.

La haute tour enfonçait dans la brume sa couronne de clochetons invisibles et semblait décapitée ; le porche, fuligineux et sombre comme la voûte d'un four, ouvrant son arcade béante, avait l'air de la gueule d'une orque ou de quelque autre bête démesurée soufflant de la fumée par les mâchoires. Le brouillard, qui baignait l'arceau gigantesque, produisait l'effet de l'haleine de ce monstre architectural.

Certes, sans être supertitieux, un jeune couple pouvait, à l'aspect de cette église lugubre, concevoir quelques craintes pour son bonheur futur. Le frisson vous tombait invinciblement sur les épaules en franchissant cette voûte, plus obscure que celle de l'Érèbe, et qui ne laissait trembloter au bout de sa profondeur aucun rayon de jour, aucune étoile d'espérance.

Assurément, il eût été injuste de demander à une vieille et rigide église protestante de Londres, à la fin de septembre, un jour de brouillard, l'aspect heureux et gai d'un temple antique déroulant la théorie de ses colonnes blondes sur l'azur d'un ciel athénien ; mais, en vérité, ce matin-là, Sainte-Margareth avait plus la mine d'une crypte sépulcrale bonne à recevoir les morts que d'une église à bénir le mariage de deux jeunes amoureux.

— Eh bien, disait dans la voiture sir William Bautry à son ami Benedict Arundell, c'est donc vrai, tu te maries, à vingt-quatre ans, à la fleur de l'âge, lorsqu'une si longue carrière de plaisirs et de fantaisies était encore ouverte devant toi !

— A vingt-quatre ans, tu l'as dit, cher William ; le mariage est une folie qu'on ne doit faire que jeune.

— Je suis assez de ton avis, et, d'ailleurs, Amabel justifie une résolution si prompte ; mais, lorsque nous étions à l'université de Cambridge, il n'était guère facile de prévoir que tu serais le premier de notre joyeuse bande qui se laisserait prendre dans le traquenard de l'hymen.

Pendant que sir William Bautry et sir Benedict Arundell s'entretenaient ainsi en roulant vers l'église de Sainte-Margareth, un homme sorti de la rue adjacente se glissa sous le porche sombre, et se tint adossé contre la muraille entre deux colonnettes, comme la statue de pierre d'un saint.

Cet homme était coiffé d'un chapeau à larges bords

enfoncé jusqu'aux yeux, et le pan d'un manteau de voyage rejeté sur l'épaule voilait le bas de sa figure. Ce qu'on en pouvait distinguer annonçait des traits réguliers brunis par le soleil d'autres cieux.

Au bout de quelques minutes d'immobilité rêveuse, il dégagea une main des plis de son manteau, et, amenant une large montre plate à la portée de sa vue, il se dit :

— C'est l'heure ; ils vont bientôt venir !

Et il replongea la montre dans la profondeur de son gousset.

A qui pouvait s'appliquer cette phrase, murmurée avec un accent étrange ?

Les voitures, détournant le coin d'une rue, arrivèrent devant le porche de l'église.

Alors, l'homme que nos lecteurs ont déjà reconnu pour le voyageur si pressé rejeta son manteau en arrière, et parut s'affermir sur ses talons, comme quelqu'un qui touche à un moment suprême.

Le marchepied s'abattit. Amabel, s'appuyant légèrement sur la main de Benedict, allait descendre et pénétrer sous le porche, lorsque l'inconnu, ayant fait un profond salut à la fiancée, toucha le bras d'Arundell, qui se retourna vivement, tout étonné d'une semblable interruption dans un tel moment; car, tournant le dos à l'église, il n'avait pas vu s'avancer l'homme au manteau.

— Sidney! s'écria Benedict revenu du premier étourdissement.

— Lui-même! répondit d'un ton grave l'homme ainsi nommé.

— Et moi qui vous accusais d'indifférence. Venir ainsi des Indes pour assister à mon mariage! C'est donc à cause de cela que vous n'avez pas répondu à mes lettres; vous vouliez me ménager cette surprise.

— Benedict, j'avais un mot à vous dire, et c'est pour ce mot que je suis venu.

— Vous le direz plus tard. Tantôt je vous présenterai à ma femme, et, ma foi! vous êtes déjà tout présenté. Lady Arundell, sir Arthur Sidney.

— Non, il faut que je vous parle sur-le-champ, seul à seul, ne fût-ce qu'une minute.

Il y avait dans le regard de Sidney quelque chose de si ferme, dans sa voix un accent si impérieux, que Benedict, hésitant et laissant tomber la main d'Amabel, fit quelques pas du côté de son ami.

— Madame voudra bien pardonner mon insistance, dit Sidney en s'emparant du bras de Benedict avec un sourire d'une grâce affectée ; je n'ai qu'une phrase à dire.

Et il entraîna Benedict jusqu'à l'angle de l'église, à l'entrée de la petite rue qui longe un des bas côtés.

Amabel s'était rassise à côté de sa tante, lady Eleanor Braybrooke, qui grommelait entre ses dents contre cette absurde interruption.

— Je vous demande un peu si cela a le sens commun : tomber ainsi des Indes pour intercepter un marié au seuil de l'église ! Le moment est bien choisi pour débiter des balivernes !

— Sir Arthur Sidney est un original qui ne fait rien comme les autres, répondit Amabel ; Benedict m'a souvent parlé de ses singularités.

— Est-ce qu'un homme bien né doit avoir des originaux pour amis ! répliqua lady Braybrooke du ton le plus majestueusement dédaigneux.

Amabel sourit de l'indignation superbe de sa tante.

— Ce n'est pas moi, continua la douairière, qui de rouge était devenue cramoisie par les flots de colère qui lui montaient à la face, qui aurais permis à sir

George-Alan Braybrooke de me planter là au moment de marcher à l'autel, fût-ce pour l'empire du monde... Mais il paraît qu'elle est longue, la phrase qu'avait à dire ce Sidney, que Dieu confonde !

La réflexion de lady Braybrooke, Amabel l'avait déjà faite; car elle penchait sa tête couronnée de fleurs virginales à la portière de la voiture, pour voir si Benedict ne revenait pas.

Rien ne paraissait encore à l'angle de l'église, le point le plus éloigné où le brouillard permit à la vue de s'étendre.

La position devenait singulière et ridicule. Amabel et lady Braybrooke, aidées par sir William Bautry, descendirent de voiture et s'abritèrent sous le porche. Sir William s'offrit pour aller avertir Benedict et Sidney de l'inconvenance d'un pareil entretien prolongé si longtemps.

Les invités firent cercle, déjà étonnés, autour de miss Amabel Vyvyan, et l'engagèrent à pénétrer dans la nef. Les passants commençaient à regarder avec surprise cette belle jeune fille vêtue de blanc, cette fiancée sans époux, debout, sous cette voûte sombre.

En pénétrant dans l'église, Amabel sentit tomber

sur ses épaules, à peine abritées par un léger voile de dentelles, un froid humide et claustral; il lui sembla être enveloppée pour toujours par la fraîcheur du couvent et du sépulcre. Elle eut comme le pressentiment de passer de la lumière dans l'ombre, du bruit dans le silence, de la vie dans la mort. Elle crut entendre se briser dans sa poitrine le ressort de sa destinée.

William Bautry revint pâle, consterné, ne sachant quelle expression donner à sa figure.

Il avait parcouru dans toute sa longueur la ruelle où étaient entrés Benedict et Sidney, fait le tour de l'église, fouillé les alentours...

Benedict et Sidney avaient disparu !

V

A peu près à la même heure où Amabel mettait la dernière main à sa toilette, dans une autre maison de Londres, une autre jeune fille se revêtait aussi, mais lentement et comme à regret, de ses voiles blancs de mariée.

Elle était belle, mais d'une pâleur extrême; d'imperceptibles fibrilles violettes marbraient ses paupières et accusaient des larmes récemment versées, dont le coin d'un mouchoir trempé dans l'eau fraîche n'avait pu faire disparaître complétement les traces; sa bouche contractée essayait vainement un sourire; les coins de ses lèvres, remontés avec effort, s'arquaient bientôt douloureusement. Une respiration saccadée et pénible soulevait son corsage, et, quand la femme de chambre s'approcha d'elle pour poser sur son front la couronne de fleurs d'oranger, une légère rougeur couvrit ses joues décolorées.

Miss Edith Harley avait plutôt l'air d'une victime que l'on pare pour le sacrifice que d'une jeune vierge marchant à l'autel pour faire un libre serment d'amour et de fidélité. Pourtant Edith n'était pas opprimée par des parents féroces. Un père barbare, une mère acariâtre ne forçaient pas son choix. On ne mettait pas d'autorité sa main pure et fine dans les griffes tordues par la goutte d'un vieillard obscène et monstrueux. Celui qu'elle allait épouser était un jeune homme, M. de Volmerange, beau, charmant et d'excellente famille, qui réunissait toutes les conditions faites pour plaire aux parents les plus positifs et aux jeunes filles les plus romanesques.

Elle avait même paru accepter volontairement les soins de M. de Volmerange, et, dans les entrevues qui avaient précédé l'arrangement de leur mariage, souvent ses yeux se tournaient vers le jeune comte avec une indéfinissable expression de mélancolie et d'amour.

Mais, en général, la présence de M. de Volmerange causait à Edith un malaise et une inquiétude visibles seulement pour l'observateur, qui ne s'accordaient pas avec certains regards pleins d'un feu étrange pour une jeune fille d'ailleurs si modeste en apparence.

Haïssait-elle, aimait-elle M. de Volmerange? C'était un mystère difficile à pénétrer. Si elle ne l'aimait pas, pourquoi l'épousait-elle? Si elle l'aimait, pourquoi cette pâleur, pourquoi ces larmes, pourquoi cet abattement?

Edith, enfant unique adorée de son père et de sa mère, n'avait qu'un mot à dire pour rompre cet hymen s'il lui déplaisait. Qui l'empêchait de dire ce mot? Tout autre mari proposé par elle eût été agréé de lord Harley et de sa femme, qui n'avaient d'autre but que le bonheur de leur fille chérie, et qu'aucun préjugé de caste n'eût décidé à la contrarier dans ses inclinations. Ils eussent accepté même un poëte.

Quand les femmes d'Edith se furent acquittées de leur service, rendu plus long par l'inertie et la préoccupation de la jeune fille, qui se prêtait à peine à leurs soins, elle leur fit signe qu'elle était fatiguée et désirait rester seule quelques instants.

Aussitôt qu'elles se furent retirées, un coup porté discrètement avec le doigt, et qu'on aurait pu prendre pour ce petit bruit que fait derrière les tentures, en frappant la muraille de ses antennes, pour appeler sa femelle, cet insecte vulgairement nommé l'horloge de la mort, crépita dans l'angle de la chambre, à un endroit occupé par une porte condamnée.

En entendant ce bruit, qui devait être un signal, Edith tressaillit comme si elle n'eût pas été prévenue. Une vive expression d'anxiété se peignit sur sa figure, et elle se leva brusquement du fauteuil où elle s'était jetée.

Un second coup un peu plus fort, mais pourtant retenu, résonna au bout de quelques minutes.

La jeune fille fit quelques pas chancelants vers la porte, et appuya ses mains sur son cœur, dont les battements l'étouffaient.

Un troisième coup, sec, impérieux, et où le dépit semblait l'emporter sur la crainte d'être entendu d'une autre personne qu'Edith, annonça l'impatience du visiteur mystérieux.

La pauvre Edith déplaça un petit meuble qui masquait à moitié la fausse porte, et tira les verrous d'une main tremblante.

Une clef manœuvrée du dehors grinça dans la serrure, et le battant entre-bâillé et refermé aussitôt donna passage à un homme qui n'était pas M. de Volmerange.

Le personnage introduit d'une façon si singulière et si secrète chez une jeune fille qui, dans quelques heures, devait être la femme d'un autre, avait une physionomie dont il eût été difficile de trouver d'abord le caractère. Son teint légèrement olivâtre, d'un ton mat, faisait ressortir deux yeux singulièrement mobiles et dont l'expression était amortie à dessein ; la bouche était bien coupée ; mais les lèvres, minces et serrées, semblaient garder un secret, et la lèvre inférieure, fréquemment mordue, indiquait des élans comprimés et des soumissions nécessaires acceptées par la volonté, mais non par le sang. Le nez, trop fin dans son arête, trop pointu malgré sa correction, donnait au reste de la figure une expression d'astuce. C'était une de ces têtes auxquelles on ne saurait reprocher aucun défaut, que l'on est forcé d'avouer belles, et qui pourtant produisent un effet de répulsion dont on ne peut se rendre compte. Cette figure attirait et repoussait à la fois par une espèce de grâce dangereuse et de charme inquiétant. Les couleurs qui brillent gaiement sur l'aile de l'oiseau prennent, sans perdre de leur éclat, sur la peau tachetée du reptile, une nuance malsaine et venimeuse qui fait qu'on admire et qu'on est effrayé. L'homme à qui miss Edith venait d'ouvrir cette porte condamnée pour tous était joli comme une vipère et charmant comme un tigre. Lui assigner un âge eût été difficile. Son front lisse n'offrait aucune de ces rides, aucun de ces plis au moyen desquels les dates s'écrivent sur la face humaine; il aurait paru sorti à peine de l'adolescence sans cette froideur glaciale et cette absence de spontanéité, signe d'une longue dissimulation; ce n'était pas un visage, c'était un masque.

Son vêtement était noir et brun d'une teinte neutre, et, quoique soigné dans un parti pris d'élégance austère, n'attirait l'œil par aucun détail visible et ne laissait dans la mémoire aucune trace.

Il y eut un moment de silence pénible; Edith, embarrassée, semblait attendre que l'inconnu prît la parole; mais celui-ci ne paraissait pas disposé à lui épargner cette peine. Son attitude était respectueuse plutôt par habitude prise que par déférence réelle, et il laissait tomber d'aplomb sur la jeune fille un regard de maître.

— Vous persistez donc, dit Edith en faisant un effort sur elle-même, à vouloir que je sois la femme de M. de Volmerange?

— Ce n'est pas à présent que je changerais d'avis; ce mariage est plus que jamais nécessaire.

— Vous savez cependant qu'il est impossible.

— Si peu impossible, que, dans deux heures, il sera fait.

— Écoutez, Xavier, il en est temps encore; ne me forcez pas à commettre un mensonge devant Dieu et les hommes; je puis me jeter aux pieds de mes parents, leur avouer tout, obtenir mon pardon... et le vôtre : mon crime est grand, mais leur indulgence est sans bornes.

— Ne faites pas cela, je vous démentirais.

— Si je prenais toute la faute sur moi?

— Je soutiendrais que j'ai toujours été un étranger pour vous.

— Cependant j'ai là des preuves qui pourraient

vous confondre, s'écria Edith avec indignation en courant vers un petit coffret dont elle souleva le double fond.

— Vous croyez! répondit Xavier, dont un sourire ironique crispa les lèvres minces.

De ses mains convulsives, Edith fouilla violemment le coffret, d'où elle retira quelques papiers que la façon dont ils étaient pliés indiquait avoir été des lettres.

Elle en déplia une feuille et la jeta à terre : elle était blanche. Elle en fit autant d'une seconde et d'une troisième.

Alors, elle laissa tomber le paquet, et ses bras découragés s'affaissèrent le long de son corps.

Toute trace d'écriture avait disparu! Les lettres étaient redevenues de simples feuilles de papier.

— Heureusement, votre encre, miss Edith, était de meilleure composition que la mienne. Les menus caractères tracés par votre jolie main sont encore parfaitement visibles sur les billets que vous avez daigné m'écrire.

— Xavier, il y a dans tout ceci une énigme que je ne puis comprendre... Je suis jeune, je suis belle; vous me l'avez dit sur plus de tons que le serpent n'en prit pour séduire Ève ; l'unique faute de ma vie a été commise pour vous. Seul, vous avez le droit de me trouver innocente ; ma fortune est considérable ; le nom de ma famille compte parmi les plus honorables de l'Angleterre et n'a jamais été taché que par moi. Cette souillure inconnue, d'un mot vous la pouvez laver. Vous n'avez d'autres ressources que celles que vous donne votre instruction, qui vous rend digne d'un rang supérieur à celui que vous occupez. En m'épousant, vous voyez un monde nouveau s'ouvrir devant vous ; de l'ombre, vous passez à la lumière ; votre existence s'agrandit ; vous pouvez déployer dans une vaste sphère les talents que vous possédez. Ce qui était chimère devient désir raisonnable. La politique et la diplomatie n'ont rien de trop haut pour vous.

A mesure qu'Edith parlait, la figure pâle de Xavier se colorait, ses yeux, qu'il ne pensait plus à voiler, jetaient des étincelles. Il suivait en esprit la jeune fille dans les régions qu'elle lui montrait comme pour le tenter et obtenir de l'ambition ce qu'elle n'avait pu obtenir de l'amour ; un moment même, il saisit la main d'Edith et la serra avec force ; mais ce mouvement d'enthousiasme n'eut pas de durée ; l'éclair de ses yeux s'éteignit, il ramena sur ses traits ce voile morne qui dérobait les mouvements de son âme, et il reprit d'un ton glacé :

— Vous épouserez, tout à l'heure, M. de Volmerange.

— Votre inconcevable refus ne peut avoir qu'une cause : alors, mon malheur n'a plus de remède ; peut-être avez-vous déjà une femme en France ?

— Non..., répondit Xavier d'un ton singulier, ni en France ni ailleurs. Je suis célibataire.

Edith, qui jusque-là avait supplié, se releva, et, de l'air le plus digne et le plus majestueux, dit au jeune homme :

— Ce n'est pas par passion pour vous que j'ai mis tant d'insistance dans mes prières : j'ai été fascinée, mais non séduite ; vous avez produit sur moi l'effet d'un philtre ou d'un poison, et je ne suis pas plus coupable que si un breuvage m'eût rendue folle. Je ne vous ai jamais aimé, Dieu merci ! j'en suis fière, et ce m'est une consolation dans mon malheur. Mes yeux, aveuglés un moment, se sont bien vite dessillés. Quand j'entendis la vraie éloquence du cœur, quand je vis briller la flamme céleste dans un regard sincère, je compris aussitôt que j'avais été la proie et le jouet d'un démon, et j'aimai M. de Volmerange autant que je vous hais ; je l'estimai autant que je vous méprise ; oui, je l'aime éperdûment, de toutes les puissances de mon corps et de mon âme, ajouta miss Edith Harley avec une insistance cruelle en voyant verdir le visage blême de Xavier, et je voulais lui épargner cette honte d'épouser une fille souillée par vous ; mais je lui dirai tout, il me pardonnera et me vengera. Maintenant, monsieur, sortez, ou je sonne et je vous fais jeter par la fenêtre ! s'écria-t-elle d'un ton où éclatait la révolte de son sang aristocratique.

En disant chaque mot, elle avançait un pas, et Xavier, comme foudroyé par les effusions d'indignation qui sortaient des yeux d'Edith, reculait en chancelant vers la porte, qu'elle referma violemment sur lui. Le dernier regard du misérable fut celui d'un serpent qui sent entrer dans son dos la griffe d'un lion.

Elle repoussa les verrous et remit le meuble en place, et le dernier pas de Xavier résonnait encore sur l'escalier que lord et lady Harley entrèrent dans la chambre.

La colère avait ramené les couleurs de la vie sur les joues d'Edith, et le feu de l'indignation, caché toute trace de pleurs dans ses yeux brûlants ; le calme des résolutions suprêmes rassérénait son front.

Aussi, lady Harley, en attirant sa fille sur son cœur, lui dit-elle d'une voix caressante :

— Edith, mon enfant, je suis charmée de te voir sortie de l'abattement où tu étais plongée. Je craignais que ce mariage ne te déplût et qu'une vaine crainte de revenir sur ta résolution au dernier moment ne t'engageât seule à l'accomplir. Je n'aurais pas voulu qu'une considération mondaine compromît le bonheur de ta vie. Lord Harley, bien qu'il trouve dans M. de Volmerange toutes les qualités qu'on peut souhaiter d'un gendre, était venu avec moi dans l'idée de t'engager à ne pas former une union qui te trouble et t'agite à ce point. Au moment de serrer avec ton respectable père le lien qui nous rassemble, je n'éprouvai rien de pareil : une confiance inaltérable, une sérénité céleste, une joie calme et pénétrante emplissaient mon âme. Tel doit être le sentiment qui anime une jeune fille quand elle va s'unir à celui qu'elle accompagnera jusqu'au tombeau et qu'elle retrouvera dans l'éternité.

— Ma mère, répondit Edith en embrassant lady Harley, et vous, très-cher et très-honoré père, je vous remercie avec une gratitude profonde de ce que vous venez de dire, et je ne puis exprimer à quel point ces marques d'intérêt me touchent, mais vos inquiétudes ne sont point fondées. Rassurez-vous. Votre choix est le mien. Je trouve, comme vous, M. de Volmerange parfaitement né, plein de sentiments nobles et généreux, d'une élégance accomplie et d'une grâce parfaite. Je crois fermement que, si un homme peut sur terre rendre une femme heureuse, c'est lui...

Ici, Edith ne put tout à fait comprimer un soupir en désaccord avec le sens des paroles qu'elle proférait, et qui indiquait plutôt un regret qu'une espérance.

— J'aime M. de Volmerange..., continua Edith ; je puis le dire devant vous, chers parents, et, au moment de marcher à l'autel, les larmes que j'ai pu verser, les tristesses auxquelles je me suis laissée aller n'étaient que des mélancolies de petite fille nerveuse, où il n'y avait de véritable que le chagrin de vous quitter.

— Tant mieux s'il en est ainsi, chère Edith ; j'avais craint qu'une aversion secrète ne se cachât sous cette déférence à nos volontés.

— Donnez-moi un baiser, mon père, dit la jeune fille en présentant son front aux lèvres de lord Harley, qui l'attira sur sa poitrine.

Puis elle saisit la main de sa mère et se pencha dessus avec effusion. Quelques sanglots étouffés firent tressaillir son corps ; mais, lorsqu'elle se releva, sa figure avait repris son expression de calme.

On annonça M. de Volmerange.

C'était un jeune homme de vingt-cinq à vingt-six ans, dont la physionomie saisissait d'abord par un charme étrange. Il était né à Chandernagor, d'un père français et d'une mère indienne, et mélangeait en lui les qualités des deux races. Ses yeux, du bleu le plus pur, étaient entourés de cils très-longs et très-noirs, et surmontés de sourcils d'ébène nettement dessinés sur un front d'une pâleur mate. Ce contraste donnait à sa tête une grâce singulière. Le regard bleu nageant entre deux sombres franges avait une teinte triste et douce que la fermeté des tons voisins empêchait de devenir féminine. Lorsqu'une émotion vive agitait M. de Volmerange, ses prunelles, ravivées par les teintes chaudes des paupières, semblaient s'illuminer et passaient du saphir à la turquoise. Ce désaccord du ton, tout agréable qu'il était et qu'un peintre coloriste eût étudié avec amour, était cause que cette figure avait quelque chose de fatal, de mystérieux, de surnaturel pour ainsi dire. Certains anges rêveurs et sinistres d'Albert Durer ont ce regard immense comme le ciel, profond comme la mer, où toutes les mélancolies semblent s'être fondues dans une goutte d'eau d'azur. Bien que la paix de l'âme, la franchise et la bonté respirassent sur cette figure, aucun artiste ayant à peindre le bonheur ne l'aurait prise pour modèle.

M. de Voimerange était grand, et, quoique svelte, annonçait une force plus qu'ordinaire. Malgré l'élégance patricienne de sa taille, la largeur de sa poitrine et les muscles de ses bras, visibles même sous le drap de ses manches, démontraient une vigueur d'athlète.

Cette nature robuste, assouplie par l'élégance et la parfaite tenue du gentilhomme, avait une grâce extrême, la grâce de la force.

On partit pour l'église...

Cette église se trouvait être celle de Sainte-Margareth, dans Palace-Yard, et sous le porche de laquelle miss Amabel Vyvyan, pâle comme une statue d'albâtre sur un tombeau, attendait son fiancé.

Les voiles d'Edith frôlèrent en passant l'épaule d'Amabel.

Quant à Volmerange, tout entier à son bonheur, il ne jeta pas même un regard sur cette jeune fille inquiète arrêtée au seuil du temple et cherchant à percer le brouillard de sa vue.

Et cependant deux destinées venaient de passer l'une à côté de l'autre.

Amabel ne fit pas la moindre attention à cet incident. Tout entière à la pensée de Benedict, aux angoisses de l'anxiété, à l'embarras de cette situation gênante, elle ne remarqua ni Edith ni Volmerange; aucun tressaillement ne les avertit.

Ceux-ci entrèrent dans la noire église, et la cérémonie s'acheva au son des rafales qui faisaient battre les portes et gémissaient dans les nefs encombrées d'ombres; le brouillard se résolvait en pluie, et de larges gouttes chassées par le vent cinglaient les vitres jaunes des grandes vitrines protestantes.

Une lueur blafarde, éteinte à chaque instant par les tourbillons de la tempête éclairait de reflets sinistres les fiancés, le prêtre et les assistants. Le surplis prenait des aspects de suaire et le ministre des lividités de spectre ou de nécroman faisant une conjuration. Les gestes sacrés ressemblaient à des signes cabalistiques; les époux inclinés paraissaient plutôt prier sur des tombes que se pencher, heureux et ravis, sous la bénédiction nuptiale.

Près de la porte, au loin, on entrevoyait une ombre blanche entourée d'habits noirs et qu'on eût dit fixée au seuil de l'église par une puissance infernale, âme malheureuse qu'un ange repousse du paradis.

Un sentiment de tristesse invincible s'était emparé de l'assistance : une vague idée de malheur secouait ses ailes de chauve-souris sur tous les fronts; un froid glacial, pénétrant qui figeait la moelle dans les os, froid de cave, de sépulcre ou de prison, transissait les invités et ajoutait à l'impression pénible. Les moins superstitieux, malgré leur incrédulité, ne purent s'empêcher de dire en eux-mêmes : « Voilà un mariage qui ne s'annonce guère bien; s'il est heureux, il faut avouer que le bonheur a de tristes auspices. »

Le seul qui fût insensible à toute impression extérieure, c'était Volmerange; il adorait Edith, et le jour où il recevait sa main eût-il été plein de foudres et d'éclairs, de nuages et de trombes, lui eût paru le plus pur et le plus serein. Qu'importent les nuages du ciel et les brouillards de la terre, quand on a le soleil dans le cœur et l'azur dans l'âme !

Au moment où le couple sortit de l'église, un homme d'un costume délabré et d'une mine humble, qu'on pouvait prendre pour un pauvre honteux ou un sollicitent spéculant sur le contentement qui porte un heureux à en faire d'autres, tendit à M. de Volmerange une enveloppe cachetée qui paraissait contenir quelques papiers, une supplique probablement et des certificats à l'appui.

Volmerange prit le pli d'une main discrète et le mit dans sa poche sans regarder l'individu qui le lui tendait.

Edith, à l'aspect de cet homme, tressaillit, mais ne fit aucune observation.

Il était écrit là-haut que l'église de Sainte-Margareth ne verrait, ce jour-là, s'accomplir heureusement aucun mariage.

Benedict Arundell avait disparu.

Et, vers le milieu de la nuit, dans la chambre nuptiale de Volmerange et d'Edith, un gémissement profond et douloureux avait retenti à travers le silence de la maison. Quelques domestiques l'avaient entendu ; mais nul n'avait osé pénétrer sans appel dans les mystères du thalamus. Était-ce le cri de la pudeur effrayée, la dernière résistance de la vierge à l'époux ?

C'est ce que nul ne put résoudre.

Seulement, le matin, comme aucun bruit ne se faisait entendre dans la chambre, qu'aucun coup de sonnette ne retentissait et qu'il était déjà plus de midi, on se hasarda à ouvrir la porte.

La chambre était vide !

VI

Lady Eleanor Braybrooke, exaspérée de rage, avait pris un teint d'apoplectique à remplir d'espérance ses héritiers et collatéraux, s'ils avaient pu l'apercevoir dans ce moment-là. Elle piétinait sous ses jupes et formait le plus parfait contraste avec la pâleur et l'immobilité d'Amabel : c'était comme un charbon ardent à côté d'un flocon de neige, et l'on pouvait s'étonner que le voisinage de ce teint allumé ne fît pas fondre cette blanche figure.

— C'est inconcevable, dit William Bautry; je ne puis pas même former une conjecture absurde sur cette disparition.

— Je trouve une raison, moi, répondit la colérique lady Braybrooke : Benedict Arundell est le dernier des misérables ; mais nous ne pouvons rester toujours ici plantées comme des statues. Retournons chez vous, ma nièce.

Et elle prit par le bras Amabel, qu'elle traîna jusqu'à sa voiture.

Quand elle se trouva seule avec sa tante, Amabel, jusque-là abîmée dans une stupeur muette, fut saisie d'une crise nerveuse ; ses jolis traits se contractèrent, des sanglots violents soulevèrent sa poitrine, et, si d'abondantes larmes n'eussent enfin jailli de ses yeux, sa douleur l'eût étouffée.

— La perte de cinquante mille Arundell ne vaut pas une de ces perles qui tombent de vos beaux yeux, chère petite ! disait Eleanor en tâchant de calmer miss Vyvyan. — Je vous avais bien dit, ma nièce, qu'un galant homme ne quittait pas sa fiancée à la porte d'une église pour parler à un ami. Ce n'est pas sir Alan Braybrooke qui eût jamais commis une impropriété pareille. Quel peut être ce Sidney ? Le frère de quelque créature que ce gueux d'Arundell avait séduite et qui attendait dans quelque taverne voisine, son poupon sur les bras.

— Ma tante, Sidney n'avait pas de sœur; sir Benedict me l'a dit plusieurs fois, répondit Amabel à lady Braybrooke; votre supposition tombe d'elle-même. D'ailleurs, sir Benedict Arundell est incapable...

— Bah! bah! vous autres jeunes filles, vous avez toujours des excuses pour ces beaux jeunes gens à favoris frisés qui regardent la lune en vous parlant le soir. Votre Benedict était poétique et poëte. J'ai toujours détesté ces caractères-là. Avec eux, l'on ne sait jamais sur quel pied danser; ils vous ont des manières de voir incompréhensibles, et une sorte de logique inverse qui leur fait prendre la résolution à laquelle personne ne peut s'attendre; ils se font des bonheurs absurdes et se créent des malheurs chimériques. Ce qu'il faut dans le mariage, c'est un esprit positif... Sir Alan Braybrooke...

— Mais, ma tante, s'il était tombé victime de quelque guet-apens, si on lui avait tendu quelque piége...

— Allons donc! un guet-apens à Londres, en plein jour, à vingt-cinq pas d'une file de voitures, devant tout un monde de laquais et de policemen!

— Si Benedict n'est pas revenu, c'est qu'il est mort, répondit Amabel en étouffant un soupir dans son mouchoir, que vint baigner un flot de larmes.

Pendant quelques minutes, le corps de la jeune fille fut agité de soubresauts convulsifs.

— Voyons, voyons, dit Eleanor inquiète du désespoir d'Amabel : de ce qu'un fiancé se fait attendre pour une raison plus ou moins mystérieuse, il ne s'ensuit pas de là qu'il n'est plus de ce monde.

— Oh ! j'en suis sûre, je ne le reverrai plus. Mes pressentiments me le disent : il est à jamais perdu pour moi

— Chimères ! billevesées ! est-ce qu'il y a des pressentiments ? Je n'en ai pas, moi. Cela est bon en Écosse, au pays de la seconde vue ; mais, à Londres, dans le West-End, on ne prévoit pas l'avenir.

— Cette église avait un air si funèbre ! Un frisson mortel m'a saisie en dépassant le seuil.

— Pur effet des siècles et du charbon de terre, simple fantasmagorie gothique. Si vous vous étiez choisi l'église neuve d'Hanover square, imitée du Parthénon et peinte en blanc, où tout le monde élégant se marie, vous n'auriez pas éprouvé cet effet prophétique, et votre avenir eût cependant été le même.

— Ah! ma tante, que vous avez une raison cruelle! Je le sens, une main violente vient de raturer, sur le livre du destin, la page où était écrite sa vie future et la mienne.

— Mais, au lieu d'aller chercher des explications surnaturelles, dussé-je affliger votre cœur, on pourrait trouver des motifs plus plausibles; un autre amour..

— Y pensez-vous, ma tante! Oh! dans ce cas, je préférerais qu'il fût mort! Sir Benedict Arundell est incapable de mensonge et de trahison, sa bouche dit ce que son cœur pense, et son cœur est d'accord avec ses yeux. D'ailleurs, est-ce possible de tromper? et pourquoi l'eût-il fait? N'a-t-il pas un grand nom? n'est-il pas aussi riche que moi, aussi jeune?

— Aussi beau, dites-le ; à vous deux, vous formiez un couple charmant, ajouta en soupirant lady Eleanor Braybrooke, qui ne pouvait s'empêcher de reconnaître la justesse des raisonnements d'Amabel, et dont la colère commençait à faire place à une inquiétude véritable.

Elle comprit que ce qu'elle avait pris pour une impropriété pourrait bien être un malheur, et, du violet, son teint retomba à la pourpre, puis au cramoisi, et enfin au rouge, ce qui était pour elle une pâleur relative.

Au bout de quelques minutes, la voiture s'arrêta et miss Amabel Vyvyan remonta seule, morne et désespérée, cet escalier qu'une heure auparavant elle avait descendu la joie au cœur, le sourire sur les lèvres, et le bout de ses gants blancs dans la main du bien-aimé.

La surprise de ses femmes fut extrême de la voir rentrer ainsi ; mais les exclamations de lady Braybrooke les eurent bientôt mises au fait, et, bien qu'avec l'extrême réserve de la domesticité anglaise elles ne se permissent aucune question ni aucun commentaire sur le malheur qui venait d'arriver à leur jeune maîtresse, à l'altération de leurs traits, à la manière pleine de précautions dont elles marchaient dans la chambre, de peur d'importuner une si grande et si légitime douleur, on pouvait voir la part qu'elles y prenaient dans l'infériorité de leur sphère.

Miss Amabel s'était jetée anéantie sur un divan, en

face de la glace devant laquelle tout à l'heure elle avait mis la dernière main à sa toilette nuptiale. Si les miroirs, malgré leur fidélité inconstante, avaient le moindre sentiment des objets qu'ils reflètent sans en garder aucun, celui-ci eût été étonné et touché de refléchir si pâle, si défaite et si désespérée la tête qui se dessinait, quelques instants auparavant, dans les profondeurs d'acier bruni, si blanche, si fraîche, si rayonnante de bonheur et d'espérance.

Hélas! les jolies roses-thé avaient perdu leurs nuances charmantes, et c'est à peine si les lèvres gardaient un reflet vermeil presque effacé. La beauté vivante était devenue une beauté morte, et la statue animée de la joie, l'ange de la mélancolie pleurant sur son tombeau.

Le bouquet nuptial et les parures de fiancée que le vague regard d'Amabel saisit au fond de la glace, dans leur blanche fraîcheur et leur virginal éclat, lui parurent une odieuse ironie, une dérision cruelle.

— Déshabillez-moi, dit-elle à ses femmes. A quoi bon ces parures mensongères? Je ne suis pas une fiancée, je suis une veuve : donnez-moi une robe noire.

— Bon! s'écria lady Eleanor, voilà encore une idée romanesque. Se mettre en robe noire, c'est exorbitant : une robe de couleur brune eût suffi, car, après tout, vous n'êtes pas mariée. Vous vous compromettez, miss Amabel ; cela pourra vous nuire plus tard. Benedict n'est pas le seul époux qu'il y ait au monde.

— Si, ma tante ; pour moi, c'est le seul.

— Propos de jeune fille amoureuse. Aucune perte n'est irréparable ; tout se remplace, et un homme en vaut un autre ; croyez-en ma vieille expérience, dit en se rengorgeant lady Eleanor, qui, grâce à ce qu'en pareille matière le mot *expérience* avait de flatteur, risqua l'épithète *vieille* pour donner plus de rondeur à la période et d'autorité à la maxime.

De son côté, le pauvre William Bautry, ne sachant comment se rendre compte d'un événement si bizarre, parcourait la rue pour la vingtième fois avec cette obstination stupide que donne l'incompréhensible. Il croyait trouver sir Benedict, à force d'allées et de venues : il entra à plusieurs reprises dans les rares boutiques de la ruelle, et se fit répéter à satiété par les honnêtes habitants de denrées des Indes orientales et occidentales, par les hospitaliers propriétaires des oyster-houses et des dépôts de spirit-wines, brandy et autres boissons qui avoisinent ordinairement les poissonneries, qu'on n'avait vu passer personne de semblable aux deux gentlemen dont il donnait la description.

Les policemen, interrogés, dirent n'avoir vu aucun promeneur, aucun groupe à l'heure où sir Arundell avait disparu ; que, d'ailleurs, le brouillard qui régnait en ce moment empêchait de voir à plus de quatre pas ; qu'ils n'avaient pas entendu le moindre bruit, ni cri, ni gignement, ni le moindre symptôme de lutte, et que le gentilhomme à la recherche duquel on était, s'était à coup sûr en allé de son plein gré.

Où le chercher, dans une ville immense comme Londres, sans le moindre indice qui pût guider les investigations qui eussent dû, d'ailleurs, s'arrêter au seuil inviolable du foyer anglais, au cas où l'on eût soupçonné la retraite qui le cachait ? C'était de la folie. Sir William Bautry alla cependant à la police, qui promit de s'occuper de la chose, et répandit à travers la ville une cinquantaine de limiers, qui se promenèrent par toute sorte de rues improbables, et revinrent le soir, les semelles diminuées d'une sensible épaisseur, et crottés jusqu'au collet, mais sans avoir trouvé rien qui eût le moindre rapport avec Benedict ou Sidney.

Tout en se dirigeant à pied vers la maison de miss Amabel Vyvyan, car l'agitation où il était lui faisait préférer la marche à la voiture, sir William, dans un monologue que le flegme ordinaire des Anglais ne l'empêchait pas d'entremêler de gestes qui eussent paru bizarres si, à Londres, quelqu'un en regardait un autre, se posait une foule de questions insolubles à l'endroit de l'événement arrivé le matin.

— Que diable! se disait sir William, nous avons beau mériter un peu la réputation d'hommes excentriques qu'on nous fait sur le continent, l'action de mon ami Benedict dépasse toutes les bornes de l'originalité. Planter là, sur le seuil d'une église, la plus belle fille des trois royaumes, c'est une action sauvage et détestable. Benedict était assurément amoureux fou de miss Amabel; ce n'était pas un caprice : depuis un an, il la voyait presque tous les jours; il ne s'était donc pas enthousiasmé à la légère. Miss Amabel a l'âme aussi charmante que le corps; elle est belle au dedans comme au dehors. Qui peut avoir désenchanté si subite... t Benedict? A-t-il, au moment suprême, découvert quelque vice caché, quelque cas rédhibitoire, pour parler la langue des maquignons?

» Cependant, en allant à l'église dans la voiture avec moi, il paraissait radieux de bonheur, caressant des rêves d'avenir et ne méditant pas le moindre projet de fugue. Il avait l'air de présenter sa tête de très-bonne grâce au joug de l'hymen, et personne n'aurait pu prévoir qu'il allait secouer brusquement les oreilles et s'enfuir en hennissant, comme un poulain farouche. Il faut donc qu'au moment de la quitter, la vie de garçon se soit peinte à ses yeux sous de bien séduisantes couleurs, ou ce Sidney lui a fait sur le compte de miss Amabel une de ces révélations terribles qui marquent comme un fer rouge et coupent comme une hache. Mais qu'y a-t-il à dire sur cette vie pure, transparente, passée dans une maison de cristal, et dont chaque heure en quelque sorte peut se justifier, où la médisance et la calomnie ne trouveraient pas l'ombre d'un prétexte? Quelle froide extravagance lui aura proposée ce Sidney? un voyage au pôle arctique, une chasse au tigre ou à la panthère noire dans ses possessions de Java? Ce serait de la folie, et Benedict n'est pas fou;

et, à moins que Sidney ne l'ait escamoté et mis dans sa poche, je n'y conçois rien.

En ce moment, une idée lumineuse traversa la cervelle de sir William Bautry.

— Si j'allais voir à l'hôtel que possède Sidney dans Pall-Mall, et qu'il occupait avant de partir pour l'Inde?

Les fenêtres de l'hôtel étaient fermées, et tout indiquait qu'il n'avait pas été habité depuis longtemps.

William fit voltiger le marteau, et un domestique vint ouvrir après lui avoir fait subir une attente assez longue.

Ce domestique, venu des parties les plus reculées de l'hôtel, témoigna, à l'aspect de William Bautry, une surprise qui témoignait combien l'apparition d'un visiteur était rare en ce logis désert.

— Sir Arthur Sidney est-il chez lui maintenant? demanda à tout hasard William Bautry.

— Oui, milord, probablement.

— En ce cas, faites-moi parvenir à lui; voici ma carte, dit William en gagnant du terrain.

— Oh! pas ici, mais à Calcutta, rue de l'Éléphant-

7

Bleu, 25 ; c'était l'heure où il avait l'habitude de rentrer. Sir Arthur Sidney habite l'Inde depuis deux ans.

— Et il n'est pas revenu ?

— Pas que je sache, répondit le domestique poussant toujours William du côté de la porte.

— Je viens cependant de le voir dans une rue près de l'église Sainte-Margareth.

— Milord aura été abusé par une ressemblance ; car sir Arthur, s'il était à Londres, nous aurait prévenus de son arrivée, et serait très-vraisemblablement descendu à son hôtel, répondit le domestique d'un ton de politesse ironique et en fermant au nez de William Bautry, qu'il prenait évidemment pour un aigrefin, le battant de la porte dont il n'avait pas abandonné le bouton pendant la durée de ce colloque.

Reprenant son chemin, sir William se dit en lui-même :

— Ou Sidney n'est réellement pas à Londres, ou ce drôle a reçu sa leçon. J'ai pourtant bien reconnu Arthur, et Benedict lui a parlé en le nommant. Si Benedict avait des dettes, je croirais qu'un recors s'est grimé à la ressemblance de sir Arthur afin de l'entraîner à la prison pour dettes. Après cela, je vais peut-être le trouver chez miss Amabel, expliquant son incartade de la manière la plus naturelle du monde.

Sir Benedict Arundell n'était pas chez sa fiancée, à qui lady Braybrooke, oyant son morne désespoir, tâchait de prouver que rien n'était plus naturel que de disparaître au moment du mariage, et que sir Alan Braybrooke, le plus galant des hommes, eût au besoin hasardé cette facétie de bon goût.

Si Benedict ne reparaissait pas lui-même, il eût pu écrire; mais nulle lettre, nul billet, rien qui expliquât cette conduite étrange !

Les recherches de la police avaient été infructueuses: le sort de Benedict Arundell restait enveloppé des ténèbres les plus mystérieuses. Croire à un assassinat, cela était difficile, puisque Sidney, élevé au collége de Harrow avec Benedict, était son ami de cœur et n'avait aucun motif d'inimitié contre lui. A un enlèvement, à une séquestration; dans quel but, pour quel motif?. Une jalousie d'amant rebuté? Mais Sidney n'avait jamais vu miss Amabel et aucune rivalité ne pouvait exister entre lui et Benedict.

Le soir venu, la pauvre fiancée rentra dans cette chambre virginale dont, le matin, elle croyait avoir franchi le seuil pour la dernière fois. Ses femmes la déshabillèrent et la placèrent comme un corps inerte dans ce joli nid blanc où avaient voltigé tant de rêves heureux, secouant leurs ailes roses sur le front d'ivoire de la jeune fille.

Elle resta là dans la position où on l'avait mise, sa tête noyée dans ses cheveux, ruisselants comme les flots de l'urne d'un fleuve, sa joue pâle appuyée sur son bras. On eût pu la croire morte, si de temps à autre une larme n'eût roulé sur sa chair, comme une perle sur du marbre.

— Adieu, mon enfant, dit Eleanor Braybrooke voyant que sa nièce gardait un mutisme obstiné ; bon espoir !

Un imperceptible mouvement de dénégation fit frissonner les épaules d'Amabel, dont la conviction était irrévocablement formée, et qui jugeait que Benedict, n'étant pas revenu sur-le-champ, ne reviendrait jamais.

Amabel n'avait pas cru un seul instant à une perfidie de la part de Benedict ; elle se sentait aimée de lui absent ou présent, dans cette vie ou dans l'autre ; elle possédait la foi inébranlable du premier amour.

Elle pleura ainsi toute la nuit, silencieusement, jusqu'à ce que le sommeil pénible du matin vint peser sur ses paupières meurtries ; mais ses rêves étaient aussi tristes que ses pensées, car à plusieurs reprises des larmes s'échappèrent de ses yeux fermés.

C'est ainsi que se passa la première nuit de noces de la jeune fille qui avait dû être lady Arundell.

Lord Harley et sa femme, accablés de douleur, se livraient, de leur côté, aux mêmes recherches pour retrouver leur fille et leur gendre perdus.

Le lit paraissait à peine foulé. Les bougies des flambeaux s'étaient consumées paisiblement jusqu'aux bobèches.

Sur le guéridon, un papier froissé et brûlé à la flamme d'une des bougies avait conservé sa forme, représentée par des cendres noires.

A terre gisait une adresse de lettre à l'adresse du comte de Volmerange, sans timbre de poste, et dont la suscription était une écriture évidemment contrefaite.

Lord Harley contemplait avidement cette ombre de

lettre que le moindre souffle faisait palpiter, et qui contenait peut-être, irritant mystère, le secret de la fuite d'Edith et de Volmerange.

Il cherchait vainement à suivre, sur la mince pellicule carbonisée, les quelques traces de lettres que le feu n'avait pas fait disparaître; mais autant eût valu essayer de déchiffrer les hiéroglyphes, et des hiéroglyphes frustes encore.

Le papier brûlé ne donna aucun renseignement, et pourtant il avait dû jouer un rôle important et décisif dans cette nuit fatale; le soin même qu'on avait mis à le détruire témoignait de sa valeur.

Une grande porte vitrée donnant sur le jardin avait été ouverte, et le sol des allées, inspecté avec soin, montra quelques empreintes à peine appuyées par un pied de femme petit et cambré; car l'orteil et le talon se dessinaient seuls sur le sable humide. D'autres, plus grandes, plus enfoncées, s'y mêlaient tumultueusement. Elles aboutissaient à une terrasse qui terminait, en saut-de-loup, le jardin, du côté de la rue.

Edith et Volmerange avaient dû sortir par là. Du balcon au sol, la distance était de six à sept pieds. Comment l'avaient-ils franchie, et quelle supposition pouvait-on faire sur cette fuite inconcevable ? Deux jeunes mariés quitter la chambre nuptiale la première nuit de leurs noces, comme des coupables, sans laisser un mot d'explication ; plonger une mère et un père dans le plus mortel désespoir ; n'était-ce pas affreux !

Lady Harley se rappelait l'air triste et préoccupé d'Edith, les jours qui avaient précédé son mariage, et supposait quelque passion contrariée ; mais Edith n'avait-elle pas affirmé que son cœur était libre, et Volmerange l'époux de son choix ?

L'explication d'un enlèvement, d'un crime tombait d'elle-même. Aucune empreinte de pas ne se dirigeait de la terrasse à la porte vitrée, chemin qu'eussent dû prendre les malfaiteurs.

Le sol, détrempé par la tempête de la nuit, eût gardé leurs traces aussi fidèlement que celles d'Edith et de Volmerange.

Un petit lambeau de mousseline, accroché au passage par une des griffes de ces artichauts de fer qui hérissent le chaperon des murs qu'on veut protéger, indiquait l'endroit par où la jeune femme s'était élancée dans la rue.

Malheureusement, le pavé, souillé de boue et couvert de flaques de pluie, n'avait gardé aucun vestige des fugitifs.

La tempête de la nuit avait rendu les rues désertes de bonne heure, et personne n'avait rien vu.

— Peut-être, dit lord Harley, sont-ils allés à leur terre de Twickenham; cependant Volmerange avait dit qu'il ne concevait rien à cette mode d'enfouir son bonheur dans la caisse d'une chaise de poste et de faire des postillons les confidents du plus pur amour. Envoyons un messager à Twickenham.

Le comte de Volmerange et sa femme n'avaient pas paru à leur château, et l'intendant n'avait reçu aucun ordre à cet égard.

Cette réponse plongea lord et lady Harley dans la plus profonde douleur; pendant le voyage du messager, ils s'étaient fait de si beaux raisonnements pour prouver que leur fille était allée à Twickenham! Ils s'étaient attachés à cette frêle broussaille d'espérance avec des ongles si désespérés, que, lorsqu'elle leur vint aux mains, comme une touffe de fenouil, ils roulèrent dans un abîme de malheur et crurent perdre leur fille une seconde fois.

Les recherches les plus actives n'eurent aucun résultat, et la disparition des deux époux resta enveloppée des plus profondes ténèbres.

La noire église Sainte-Margareth avait bien réalisé les tristes pressentiments inspirés par son aspect glacial et funèbre, et justifié le goût de lady Braybrooke pour le temple neuf d'Hanover square, en fait de cérémonies de mariage. Cette fois-là, ce n'était pas à tort que la bonne dame prétendait que les églises gothiques n'étaient bonnes qu'à se faire enterrer.

VII

— Eh bien, Sidney, qu'aviez-vous de si important à me confier, dit Benedict Arundell à son ami, en faisant quelques pas dans la ruelle étroite que l'ombre de l'église et le brouillard rendaient noire comme un corridor de l'enfer.

— Ce ne sera pas long, répondit Sidney en prenant Benedict par le bras et l'amenant à peu près en face de la maison décrite dans un des chapitres précédents, comme s'il ne se fût pas trouvé assez éloigné du gros de la noce pour dire son secret.

En ce moment, une charrette attelée de quatre de

ces chevaux énormes que l'on ne voit qu'à Londres, et à qui leurs teintes grises et leurs formes colossales donnaient des airs de jeunes éléphants, s'engagea dans la rue qu'elle remplissait presque d'un bout à l'autre. Le conducteur, qui se tenait à la tête de ses chevaux, n'était autre que l'ingénieux Cuddy, ci-dessus mentionné.

Cette voiture, ainsi engagée, formait une barricade mouvante qui barrait exactement la rue. Elle n'eût pas permis à Benedict de rétrograder, et eût empêché les gens de venir à son secours.

Vu sa charge énorme, la voiture marchait très-lentement et n'avait pas encore dépassé la troisième ou quatrième maison de la rue.

Saunders rasait le mur du côté de Benedict, et son bras, pendant le long de sa cuisse, ballottait ce masque auquel Noll avait fait des allusions anacréontiques en le supposant destiné au joli visage de Nancy.

Quant à Noll, qui avait des prétentions à être un homme du monde, prétentions que justifiaient à ses yeux une épingle en argent constellée de fausses turquoises et fichée dans un lambeau de satin noir, représentant la harpe de la verte Érin, et surtout une paire de gants d'une couleur indescriptible, qui avaient pu être blancs aux temps fabuleux, mais dont les doigts décousus laissaient passer des phalanges rougies et des ongles bleus, il se dandinait gracieusement en mâchant un bout de cigare éteint, et caressait l'os de sa jambe de héron du bout d'une petite baguette à battre les habits simulant une cravache.

Bob, fidèle à son caractère, épelait sur la devanture d'une taverne borgne l'emphatique et trompeuse nomenclature des vins de France et des liqueurs étrangères : cette littérature lui paraissait supérieure à toutes les poésies de la terre. Shakspeare et Milton n'étaient à ses yeux que de bien médiocres grimauds, à côté du peintre en lettres qui avait écrit cette triomphante liste, plus lyrique cent fois que les odes de Pindare, un Grec que Bob eût assurément méprisé pour la strophe qui commence ainsi :

L'eau, à la vérité, est très-bonne.

Quand Sidney, suivi de Benedict, passa près de Saunders, il lui fit un imperceptible signe du coin de l'œil.

Celui-ci comprit et se rapprocha de Benedict; Noll

laissa tomber sa baguette à terre et s'inclina, faisant semblant de la ramasser. — Bob, qui en était au cognac, au rack, au rhum et au tafia, s'arracha à son enivrante lecture. — Cuddy quitta la tête de ses chevaux, qui s'arrêtèrent pacifiquement, et fit quelques pas vers le groupe...

Au même instant, Benedict reçut au visage une espèce de contusion molle et sentit s'étaler sur sa face un masque épais, tiède et lourd, qui lui enleva à la fois la vue, la respiration et la parole.

Un bras nerveux s'appuya sur ses reins comme une barre de fer; des mains larges et osseuses, aux doigts fourmillants comme des pinces de crabe, s'attachèrent à ses jambes et leur firent quitter le sol.

Cela fut fait avec la promptitude de l'éclair, et Benedict, dont les bras étaient maintenus par des tenailles de chair pour l'empêcher de se débarrasser de son masque, se sentit entraîner vers un but inconnu par une force mystérieuse, comme dans ces horribles rêves où Smarra vous emporte sur sa croupe monstrueuse.

La porte de la maison déserte s'ouvrit comme par enchantement, et la troupe s'engagea dans le couloir sombre, suivie de sir Arthur Sidney.

Quand on se fut assez enfoncé dans l'étroit boyau pour que le jour venant de la rue fût complétement éteint, Saunders fit cette judicieuse réflexion qu'il n'était pas nécessaire d'étouffer ce gentleman, et arracha avec beaucoup de dextérité le masque de poix qui couvrait la figure de Benedict.

Celui-ci commençait à perdre connaissance, et les soubresauts furieux qu'il faisait pour se débarrasser avaient sensiblement molli. Une angoisse inexprimable lui serrait la poitrine. Ses tempes sifflaient, sa gorge se gonflait pour une aspiration impossible, les oreilles lui tintaient avec violence, et ses yeux aveuglés voyaient tourbillonner de folles lueurs bleues, vertes et rouges.

Certes, l'air de ce couloir sombre, fétide et glacial, eût, en toute autre circonstance, soulevé le cœur de Benedict ; mais jamais brise alpestre, vierge de toute haleine humaine et chargée de tous les baumes des solitudes fleuries, ne fut respirée à plus larges narines, à poumons plus avides que cette atmosphère presque méphitique.

Cette gorgée d'air corrompu, c'était la vie que buvait Benedict. Son immense bien-être se traduisit par un soupir profond, et un « Ah! mon Dieu! » prolongé.

— Il paraît, dit Noll en lui-même, que le particulier commençait à éprouver le besoin de mettre le nez à la fenêtre, et, quoique Bob prétende que rien n'est meilleur qu'une lampée de brandy, si ce n'est deux lampées de rack, je crois que le gentleman eût préféré à tout une simple gorgée d'air.

Benedict, revenu au sentiment de sa situation, voulut résister ; mais huit bras vigoureux le poussèrent dans la chambre que nous avons décrite, et que les rameurs, redescendus dans leur barque par le passage souterrain, avaient laissée vide.

La porte se referma sur lui, et la clef grinça aigrement dans la serrure.

Encore tout chancelant, Benedict s'affaissa sur un coffre et s'accouda dans une attitude désespérée à la table encombrée de verres et de pots, restes de l'orgie de Noll et de Saunders.

Quelle transition étrange! quel renversement subit de destinée!

Il y avait quelques minutes à peine, sir Benedict Arundell se trouvait dans une voiture luxueuse, en face d'une jeune fille adorable, bel ange qui voulait bien descendre des cieux pour lui, entouré d'amis et de connaissances, au milieu de l'éclat d'une assemblée aristocratique tellement haut placée, que les chances humaines ne semblaient pas pouvoir atteindre ceux qui la composaient ; et maintenant, par une perfidie inouïe, un guet-apens atroce, il était confiné dans un horrible bouge, où l'attendait sans doute une mort affreuse.

Benedict regardait d'un œil morne, à la lueur fauve du feu de charbon de terre qui s'éteignait, ces murailles sanguinolentes, suant le crime et le vice, où les gibets, les portraits d'assassins et de voleurs, les scènes de meurtre et de débauche égratignés en blanc, légendes obscènes, énigmatiques ou menaçantes, dansaient une sarabande sinistre aux reflets intermittents de la cheminée.

L'élégance même du costume de Benedict rendait encore le contraste plus frappant. Ce gant blanc si parfumé, si frais, appuyé sur cette table de bois grossier, rayée de coups de couteau et luisante de graisse, faisaient l'effet le plus pénible ; un homme comme Benedict ne pouvait se trouver dans un pareil endroit que par une combinaison monstrueuse et scélérate.

Un peu revenu de l'étourdissement d'un coup si soudain, Benedict se demanda quel but pouvait avoir cette étrange séquestration. Sir Arthur Sidney avait-il voulu le livrer à des malfaiteurs, à des assassins peut-être ? était-ce une manière originale de le punir de ne pas avoir attendu son arrivée ? avait-il provoqué cet enlèvement, ou bien, spectateur impuissant, était-il allé chercher du secours pour une lutte inégale ? — Il errait ainsi de conjectures en conjectures, sans pouvoir se fixer. Puis il pensait avec désespoir aux inquiétudes mortelles, aux transes affreuses de miss Amabel, lorsqu'elle ne verrait pas revenir celui qu'elle avait choisi pour époux, et dont rien ne pourrait expliquer la disparition. Cette idée le transportait de fureur ; il maudissait Sidney et tournait autour de la chambre avec l'obstination machinale d'une bête fauve qui cherche une issue.

A plusieurs reprises, il essaya d'ébranler la porte ; mais elle tenait solidement sur ses vieux gonds rouillés, et les coups les plus rudes de Benedict s'amortissaient sur ses planches épaisses.

La fenêtre, d'une hauteur inaccessible, était en outre grillée de barreaux plats taillés en scie, et tellement serrés, qu'un sylphe n'aurait pu se glisser dans l'interstice sans se déchirer les ailes.

Dans l'espoir d'être entendu de quelques-unes des maisons du voisinage, dont les toits découpés en angles bizarres apparaissaient vaguement dans le carreau supérieur, sir Benedict Arundell se mit à pousser des cris de toute la force de ses poumons; pour lancer des sons plus loin, il essaya d'imiter les portements de voix des marins qui ont besoin de dominer la tempête, et des montagnards qui s'appellent du bord d'un abîme à l'autre, séparés par un torrent.

Mais la chambre était sourde comme si elle eût été matelassée. La voix de Benedict n'éveillait aucun écho, et lui revenait dans la gorge, comme sur ces hautes cimes où l'air raréfié ôte leur vibration aux paroles.

Exaspéré, Benedict passa du cri au hurlement, tant qu'une écume sanglante vint mousser aux commissures de ses lèvres ; puis, honteux de forcéneries inutiles, il se laissa retomber de fatigue sur le banc.

Le charbon, presque entièrement consumé, ne lançait plus que de rares lueurs. Une petite flamme violette courait, près de s'envoler, sur les monceaux de cendres; la nuit tombée avait rendu la fenêtre opaque, et des ombres formidables s'entassaient dans les coins de la chambre, où l'œil de la peur eût vu aisément s'agiter et grouiller des formes monstrueuses.

A coup sûr, Benedict était brave; mais à la fureur et au désespoir d'être séparé de miss Amabel vint se joindre le sentiment de la conservation personnelle, justement éveillé. Cette étrange et ténébreuse aventure était bien faite pour inspirer des appréhensions au plus courageux.

Enfermé seul, sans armes, sans aucun moyen de défense, dans une chambre étouffée et sourde, dont la porte en s'ouvrant allait peut-être donner passage à des assassins, Benedict se laissa aller à un découragement profond. Une autre crainte encore plus terrible vint lui traverser l'esprit : si les assassins ne venaient pas, si on allait l'abandonner dans cette chambre hideuse, triviale oubliette à l'usage d'ignobles meurtriers !

Cette idée de mourir là de faim ou de soif, comme un chien enragé, loin du ciel et des hommes, se présenta si vivement à son esprit, qu'une sueur froide lu ruissela subitement des tempes. Un assassin debout sur le seuil de la porte ouverte lui eût paru un ange libérateur, car c'eût été la mort rapide et sans torture, au lieu d'une agonie atroce, plus affreuse encore que celle d'Ugolin. — Ugolin avait au moins ses sept fils à manger.

Et il se mit à parcourir la chambre à grands pas, cherchant une issue, sondant les murs; mais il n'existait dans la chambre aucune autre porte que celle qu'il avait vainement essayé d'ébranler, ou du moins elle était si habilement masquée, qu'il n'y avait aucun moyen de la découvrir ; et encore, en supposant qu'il l'eût découverte, à quoi cela lui eût-il servi? Elle était sans doute fermée par quelque secret ou quelque serrure compliquée, dont la clef avait dû être retirée d'avance.

Dans le paroxysme de son désespoir, Benédict maudissait Dieu et les hommes; il leva le poing vers le plafond obscur, à défaut de voûte céleste, et frappa violemment le plancher, ne pouvant conculquer plus directement la face de la marâtre Cybèle.

Le plancher rendit un son sourd et caverneux, car Benedict trépignait précisément sur la trappe dont nous avons parlé.

Une joie immense envahit son cœur lorsqu'il entendit résonner ainsi ses pas sur le vide : l'espoir d'une évasion lui rendit sur-le-champ son énergie et son sang-froid. Il s'agenouilla, et, tâtant le plancher avec les mains, il se mit à chercher en tous sens s'il ne trouverait pas quelque anneau, quelque bouton ou ressort qui fît jouer la trappe.

Il rencontra bientôt l'anneau, et, avec des efforts inouïs, il parvint à soulever la lourde planche.

L'air froid du souterrain lui fouetta la figure, et le gouffre lui apparut vaguement, plus sombre que l'obscurité, et plus noir que la nuit.

Où pouvait conduire cette ouverture? était-ce le commencement d'un passage souterrain, ou bien un puits où l'on jetait le corps des victimes? était-ce le magasin de cadavres d'une compagnie de *burkeurs*? allait-il trébucher sur des ossements amoncelés ou sur les tables garnies d'une morgue clandestine?

Un médecin capricieux avait eu peut-être la fantaisie anatomique de disséquer un corps de gentleman, et de promener son scalpel dans les fibres de l'aristocratie; et ses pourvoyeurs, ayant trouvé Benedict un sujet convenable, s'en étaient emparés pour le livrer, contre un nombre suffisant de guinées, à ce docteur délicat.

Mais comment s'expliquer que Sidney, son ami d'enfance, son camarade de cœur au collége d'Harrow, eût joué un rôle dans cette épouvantable machination, et le plus horrible, celui du bœuf privé qui conduit le taureau sauvage dans le cirque ou à l'abattoir?

En allongeant le bras, Benedict sentit le commencement d'un escalier, et, comme tous les hommes de cœur, aimant mieux aller au-devant de la mort que de l'attendre morne et stupide, il glissa son corps à travers l'entre-bâillement de la trappe, qu'il n'avait pas pu renverser à cause de son poids, et il commença à descendre les marches, faisant arc-boutant de son bras, qui tremblait et fléchissait presque; puis, jugeant qu'il avait assez descendu pour que la trappe ne lui écrasât pas le crâne en se fermant, il abaissa la tête et retira sa main.

La trappe, abandonnée à elle-même, s'abattit avec un bruit lugubre, comme le couvercle d'une bière qui retombe et se referme sur un mort.

L'écho obscur du souterrain rendit ce son encore plus sinistre et plus lamentable.

Quelque intrépide que fût l'âme de Benedict, il se sentit froid dans la moelle des os et il se dit en lui-même :

— Si l'oreille entend lorsque le corps est cousu dans son suaire, le son de la terre roulant sur le cercueil ne doit pas être plus triste et plus lugubre. Peut-être me suis-je enterré vivant et ce trou noir sera-t-il mon caveau sépulcral !

Et il continua à descendre les marches, posant les pieds avec précaution, les mains tendues devant lui.

— Pourvu que ce souterrain ait une issue, quand même elle devrait déboucher dans un cénacle de bandits, dans un sanhédrin de sorcières ! disait le pauvre Benedict regrettant presque la chambre rouge.

Du reste, dans ces opaques ténèbres, nulle lueur, même livide, nulle étoile, même sanglante; aucune raie de lumière aux interstices des blocs. Rien que la nuit désespérante, épaisse et froide.

Ce malheureux jeune homme semblait avoir passé de la première à la seconde pièce de son tombeau.

Le vent, engouffré sous la voûte humide, poussait de ces gémissements qui ressemblent à des voix humaines, et par lesquels la nature, dans les nuits d'ouragan, semble déplorer des pertes inconnues : lamentations vagues, soupirs étouffés, sanglots qu'on dirait échappés d'une poitrine qui se brise, hurlements de victimes qu'oppresse le genou du meurtrier. L'orgue de la tempête joua pour ce pâle auditeur, tâtonnant dans l'ombre, toute sa symphonie de tristesse et d'épouvante.

A mesure qu'il descendait, les marches devenaient humides et glissantes, et de fins nuages de bruine, chassés par le vent, lui arrivaient à la figure.

Un pesant clapotis d'eau se faisait entendre à travers les rumeurs de la rafale, et le dernier repli d'une vague lancée plus loin que les autres vint mouiller le pied de Benedict. Il en conclut que ce souterrain aboutissait à la Tamise, et, comme en fait de nage, il eût pu lutter avec lord Byron ou Enkhead, il crut son évasion assurée.

Effectivement, rien n'était plus facile pour un nageur comme lui que de gagner l'ouverture de la voûte qui devait aboutir sur le fleuve, et, de là, remonter ou descendre vers la rive, selon le point où il se trouverait.

Tout joyeux de cette espérance, il se croyait déjà

assis près d'Amabel, lui racontant cette aventure bizarre, et la priant de lui pardonner l'inquiétude bien involontaire qu'elle lui avait causée; avec cette rapidité inouïe qui caractérise la pensée, le fluide le plus véloce après ou même avant l'électricité, mille tableaux charmants se succédèrent dans sa tête pendant le court espace de temps qu'il mit à franchir trois marches. — Il se vit à l'autel, pressant les doigts délicats de miss Vyvyan, puis sur le seuil de la chambre nuptiale, et, par un tableau d'une intuition plus lointaine, dans sa maison de Richmond; il était debout à côté d'Amabel, sous la veranda du perron de marbre, et regardait jouer avec un daim familier un bel enfant blond sur le velours vert d'un boulingrin.

Ces beaux rêves s'écroulèrent subitement et furent remplacés par toutes les visions, par toutes les hallucinations du désespoir.

La main étendue de Benedict avait rencontré une grille de fer.

Le chemin était barré de ce côté-là, et de l'autre le retour était impossible. Les forces épuisées d'Arundell n'auraient pu suffire à soulever cette lourde trappe.

— Que vous ai-je fait, mon Dieu, pour être damné

vivant, s'écria douloureusement Benedict, et quel crime inconnu dois-je expier ici ? O Amabel ! quelque tristes que soient les suppositions où vous vous livrez sans doute maintenant sur mon sort, elles ne peuvent approcher de la réalité.

Et, par un dernier effort de cette espérance vivante qui ne peut abandonner l'homme, et que le condamné garde encore le col engagé sous le couperet, Benedict secoua chacun des barreaux les uns après les autres, essayant de les ébranler ou de les soulever; mais ils étaient scellés d'une manière indéracinable, et la rouille soudait leurs sertissures.

Vingt fois, ayant rencontré la serrure dans ses tâtonnements, le pauvre Benedict se mit les doigts en sang pour en démonter les vis ou en faire jouer les ressorts.

Pendant qu'il se livrait à ce travail inutile, car la serrure massive et compliquée eût fait honneur à la porte d'un cachot de Newgate, une vague l'enveloppa de sa caresse glaciale.

Benedict, transi, claquant des dents, ses vêtements de noce imprégnés d'eau, remonta quelques marches pour se mettre à l'abri de l'atteinte des flots, et s'assit sur un degré, comme une de ces sombres figures accroupies dont le Dante Alighieri peuple les escaliers de ses enfers.

Il resta là ainsi, dans la morne résignation de la brute acculée, du sauvage pris. Combien de temps ? Une éternité ou une heure. — La perception réelle des choses lui échappait, et la roue de la folie commençait à lui tourner dans la tête.

A un certain instant de calme relatif, il voulut savoir l'heure, se souvenant qu'il avait une montre à répétition dans la poche de son gilet; mais sa main, engourdie par le froid, pressa la détente trop fort ou maladroitement, et le ressort se rompit et rendit un son strident sous l'or de la boîte.

Le pauvre Benedict se trouvait comme ces prisonniers des mines de Sibérie, qu'on fait dormir deux heures et puis travailler deux heures alternativement, pour qu'ils ne puissent savoir ce qui leur reste de temps à faire ; car, bien qu'ils ne voient jamais le soleil, la division du travail et du repos leur permettrait de compter.

Attendre la mort dans l'ombre, sans savoir l'heure, quel supplice ! Satan l'a oublié.

... On n'entendit plus bientôt sous la voûte que le bruit sourd de la yole, qui, balancée par la houle, frappait la berge du canal souterrain

---

VIII

Au bout d'un temps qui parut long comme une éternité à sir Arundell, et qui, en réalité, ne dura guère qu'une heure, car le temps n'existe pas, et le désespoir ou l'ennui peuvent faire tenir un siècle dans une minute, un bruit de pas résonna sourdement sur la voûte, et quelques filets de lumière dessinèrent la coupure de la trappe.

Bientôt le pesant couvercle se souleva ; un rayon livide et tremblant tomba dans la moite obscurité, et par l'étroite ouverture parut, à côté d'une chandelle, la tête caractéristique de Saunders, présentant un de ces effets rouge et jaune répétés à satiété par Scalken.

Arundell remonta précipitamment les marches, et, bien qu'il fût aussi courageux que les preux chevaliers dont il descendait, ce ne fut pas sans un vif sentiment de plaisir qu'il vit poindre à la voûte la tête de Saunders. Un chérubin cravaté de ses ailes ne lui eût pas semblé plus agréable, et cependant Saunders n'avait rien de particulièrement céleste; mais Arundell éprouva à son aspect la même joie qu'un homme enterré vivant qui voit lever la dalle de son tombeau et trouve le hideux fossoyeur shakspearien un pur ange de lumière. Car, bien que les héros de roman ne doivent être accessibles à aucune faiblesse humaine, excepté à l'amour, il est souverainement désagréable de mourir de faim et de froid en habit noir, en gants blancs et en bottes vernies, dans un caveau glacé, sur un escalier envahi par la marée, la propre nuit de ses noces avec une des plus jolies héritières de Londres.

— Où diable sera-t-il allé ? murmura Saunders avant qu'un rayon de sa lumière eût rencontré Arundell dans l'ombre. Je suis pourtant bien sûr d'avoir fermé la grille à double tour, et les barreaux sont assez rapprochés les uns des autres pour que le plus mince gentleman, eût-il mis un corset de femme, ne puisse passer à travers. Cependant il doit être dans la chambre ou dans le caveau. Allons, descendons, et faisons une visite complète.

A peine Saunders eut-il mis le pied sur la première marche de l'escalier, qu'il se trouva face à face avec Arundell, qui remontait précipitamment.

— Ah! vous voilà, milord! dit le matelot d'un air de cordialité rude et de visible contentement. Vous trouvez la seconde pièce de votre appartement un peu humide et froide, et vous regrettez la première.

Et il soutint de sa main rugueuse le coude de sir Benedict Arundell, qui chancelait sur le rebord de la trappe.

Benedict se laissa tomber sur le banc près de la table. Saunders donna quelques coups de pocket dans la masse à demi consumée du charbon de terre, et en fit jaillir quelques flammes violettes. Arundell, ranimé par l'air tiède de la pièce, et sûr au moins de ne pas mourir sans explication, trouva presque agréable cet horrible bouge, chamarré de dessins bizarres et sinistres, et éprouva un bien-être relatif. La figure de Saunders, quoique rude, n'avait rien de repoussant, et Benedict essaya de lier conversation avec lui.

— Que signifie, dit Arundell, cet enlèvement absurde? Veut-on me voler, me faire signer des lettres de change, ou m'assassiner?

Saunders fit un geste de dénégation et répondit :

— Je crois plutôt que, si Votre Seigneurie avait besoin d'argent, on lui en donnerait.

— Mais, alors, que veut-on de moi?

— Je l'ignore, mais rien qui soit nuisible à Votre Grâce ; car, au contraire, les plus grands égards nous sont recommandés, et vous serez traité aussi douillettement qu'un ballot renfermant des pendules ou des verres de Bohême.

— Et connaissez-vous l'homme près de qui je marchais dans la ruelle, sir Arthur Sidney?

— Je le voyais pour la première fois, répondit Saunders, dont les yeux d'un bleu d'acier soutinrent imperturbablement le regard pénétrant de Benedict.

— Sidney ne serait donc pour rien dans cette infernale trame? se dit Benedict, heureux de pouvoir écarter un soupçon qui pesait douloureusement sur son âme. Mais comment se fait-il qu'étant si près de moi, il ne m'ait pas porté secours et n'ait pas crié à l'aide? reprit aussitôt le doute. — Quel motif vous a poussé à cette action violente, continua Arundell, et qui pourrait être sévèrement punie, si elle parvenait à la connaissance des magistrats?

— J'ai suivi les ordres de ceux à qui je suis convenu d'obéir, et, quant à la justice...

Ici, Saunders fit un mouvement d'épaules significatif, qui indiquait un esprit des plus sceptiques à l'endroit de la perspicacité des policemen.

— Et ces gens à qui vous obéissez dans ces entreprises hasardeuses, quels sont-ils?

— Je vous dirais leurs noms qu'ils ne vous apprendraient rien; aucun rapport n'a jamais existé entre eux et vous.

— Eh! mais savez-vous qui je suis?

— Non; je ne sais ni vos noms, ni vos titres. Je vois seulement, à votre physionomie noble, à vos petites mains, à la finesse du drap de vos habits et de votre linge, que vous appartenez à la haute vie.

— Si vous m'ouvriez cette porte et me reconduisiez dans la rue, je suis assez riche, fit Arundell, pour vous assurer une petite fortune qui vous permettrait de vivre à votre manière dans le pays qui vous plairait le mieux.

A cette proposition, les joues hâlées de Saunders se couvrirent d'un rouge de brique, et le bleu de mer de ses yeux pâles étincela dans son masque devenu plus sombre ; cependant il se remit vite et répondit avec calme :

— Quoique le métier que je fais ne soit pas des plus délicats, je n'ai pas l'habitude de trahir ceux qui ont mis leur confiance en moi, même pour de mauvaises besognes. D'ailleurs, je voudrais à prix d'or vous mettre en liberté, que je ne le pourrais pas. La porte est fermée en dehors, et je suis aussi prisonnier que vous.

Un temps de silence mutuel suivit cette réponse.

Puis Saunders, dont les joues avaient repris leurs couleurs naturelles, alla ouvrir une armoire pratiquée dans le mur, et en tira un grand morceau de bœuf salé, un fragment de pain et une mesure de bière dans un pot d'étain ; il plaça le tout sur le coin de la table en face d'Arundell, et lui dit d'un air respectueusement jovial :

— Milord, vous devez avoir déjeuné ce matin de bonne heure; je ne pense pas que vous ayez fait de *luncheon*, et l'heure du dîner est passée depuis longtemps. Quelle que soit la contrariété que vous éprouviez, la nature ne perd pas ses droits, et, malgré l'affliction de votre cœur, votre estomac ne serait peut-être pas fâché d'avaler un morceau.

En dépit de son désespoir et de sa rage, Arundell, ou du moins la partie la moins noble de lui — la bête, comme disait de Maistre, — reconnut la justesse du raisonnement. Il s'approcha des mets servis par Saunders, et se mit à manger d'un appétit désolé mais vif.

— La chair n'est pas délicate, dit Saunders; cependant ce bœuf salé a été coupé dans la cuisse d'un des meilleurs élèves du Lancashire, et cette bière, plus noire que la poix, que couronne une écume blonde comme de l'or, est du porter double, le meilleur qui se soit brassé à Dublin avec de l'orge et du houblon, et tel que l'on n'en trouverait pas de meilleur dans la taverne la plus renommée de Londres.

Benedict reconnut implicitement la vérité des paroles de Saunders, en se coupant plusieurs tranches du bœuf ainsi vanté, et en vidant jusqu'à la dernière topaze le contenu de la mesure d'étain.

IX

A peine le frugal repas de sir Benedict Arundell était-il achevé, que la trappe s'ouvrit, et que les quatre gaillards dont nous avons déjà décrit l'entrée par le souterrain défilèrent silencieusement du trou.

L'un d'eux échangea avec Saunders quelques paroles dans une langue bizarre, auxquelles Benedict ne put rien comprendre, et où les phrases paraissaient composées d'un seul mot, comme les idiomes que l'on ne possède pas. C'était du gaélique mêlé, pour plus d'obscurité, d'un certain nombre de mots d'argot.

Deux des nouveaux venus s'approchèrent de la

trappe, et Saunders, s'avançant vers sir Benedict Arundell, lui dit :

— Si Votre Grâce avait la complaisance de nous suivre, je crois que l'heure de partir est arrivée.

— De partir ? s'écria Arundell en se reculant par un mouvement instinctif à quelques pas de la trappe.

— J'espère, dit Saunders avec une insistance polie, que milord comprendra qu'il vaut mieux venir avec nous sans résistance. Nous sommes cinq, tous vigoureux, tous bien armés, il n'y a pas de lutte possible. Il faut que nous exécutions les ordres qu'on nous a donnés ; au besoin, nous emploierions la force, avec tous les ménagements imaginables, car nous ne voulons vous faire aucun mal.

— Je vous suis, répondit Arundell voyant bien qu'il n'y avait pas moyen de faire autrement, et pensant, à part lui, qu'il aurait plus de chance de s'échapper une fois dehors.

La petite troupe s'engloutit successivement dans la noire ouverture, où Saunders disparut le dernier, conduisant Benedict momentanément résigné.

On descendit une vingtaine de marches, et l'on arriva à la grille qui avait arrêté les projets d'évasion d'Arundell.

Là, Saunders dit au lord :

— Je vais être obligé de vous bâillonner, ce qui me fâcherait infiniment, à moins que vous ne me promettiez, sur votre parole d'honneur, de ne point crier, de ne point appeler à l'aide ; je ne voudrais pas vous museler comme un veau qui pleure sa nourrice.

Comme en définitive le résultat devait être le même, rendu muet par un bâillon ou par sa parole, Arundell promit le silence.

— Je ne vous demande pas de ne pas essayer de vous échapper, cela me regarde, dit Saunders en remettant le bâillon dans sa poche et en tirant la clef qui devait ouvrir la grille.

Un des matelots approcha la lanterne, et la clef, introduite dans la serrure rouillée par l'humidité du lieu, eût eu peine à faire jouer les ressorts intérieurs, maniée par une main moins vigoureuse que celle de Saunders.

Elle fit les trois tours obligés, et la lourde grille, poussée par deux matelots, grinça sur ses gonds avec un bruit enroué.

Les matelots s'assirent sur leurs bancs et posèrent leurs avirons sur les bords de la yole, dans une symétrie parfaite, attendant le signal de nage. Saunders s'assit au gouvernail ayant Benedict à son côté.

Au moment où la barque, cédant à l'impulsion des rames, se mettait en mouvement, un rayon égaré de la lanterne ébaucha vaguement vers la poupe de la yole une sombre figure enveloppée d'un manteau rejeté sur l'épaule et coiffée d'un chapeau rabattu sur les yeux ; mais Saunders éteignit la lanterne et tout rentra dans l'ombre.

Au bout de quelques minutes, l'embarcation déboucha du sombre canal dans les eaux de la Tamise.

Le brouillard, déchiré par le vent, fuyait en lambeaux comme une étoffe que la tempête emporte, dans un ciel bas, écrasé et noir comme la voûte d'un tombeau qu'enfument les torches des visiteurs ; cette coupole sinistre où des veines moins sombres figuraient les lézardes, semblait près de s'écrouler par immenses blocs sur la ville endormie, dont la silhouette d'ébène posée en scie de chaque côté du fleuve n'était plus piquée que de rares étincelles de lumière.

C'était une nuit horrible que cette nuit.

La Tamise roulait des vagues comme une mer ; les amarres des bateaux se tendaient avec des craquements pénibles comme ceux des nerfs d'un patient étiré sur le chevalet. Les embarcations s'entre-choquaient en rendant des sons lugubres ; et l'eau pesante retombait sur elle-même avec un soupir d'oppression et d'épuisement, comme celui qui sort d'une poitrine sur laquelle s'est assis le cauchemar. Le vent poussait des plaintes semblables aux cris d'un enfant qu'égorgent des sorcières pour leur œuvre sans nom ; et sur cet ensemble de bruits plaintifs, indéfinissables et sinistres, planait, comme un tonnerre sourd, la rumeur lointaine des vagues regagnant leur gîte.

Les édifices qui longent le fleuve, magasins, entrepôts, usines aux longs obélisques panachés de flammes, débarcadères aux larges rampes, églises élevant au-dessus des maisons leurs vieilles flèches normandes ou leurs campaniles d'imitation classique, perdaient dans l'ombre ce que le jour peut y faire trouver de mesquin et prenaient des proportions cyclopéennes et colossales. Les toits devenaient des terrasses orientales, les cheminées des obélisques et des phares; l'enseigne gigantesque en lettres découpées faisait l'effet de la balustrade trouée à jour d'un balcon aérien ; et le tout, sombre, immense, confus, semblait une Ninive sur qui passait le nuage de la colère de Dieu. — Un graveur à à la manière noire en eût fait, avec quelques rayons do lumière livide, une de ces effrayantes estampes bibliques où les Anglais excellent.

Sir Benedict Arundell, voyant la barque raser le bord d'assez près, et sentant moins serrés les doigts dont Saunders lui entourait le bras comme d'un anneau de fer, crut pouvoir tromper la surveillance de son gardien, et fit un soubresaut si brusque, que la yole en faillit chavirer; il avait presque franchi le bord, ses pieds touchaient la surface de l'eau, et quelques brassées à peine le séparaient du rivage ; mais la main vigoureuse de Saunders, l'enserrant comme une tenaille de fer, le ramena à sa place, et, par une pesée d'une force immense, le fit rasseoir.

Pendant cet épisode rapide comme la pensée, l'inconnu, immobile et silencieux à la proue, s'était levé, étendant ses bras comme pour porter secours à Saunders ; les quatre rameurs n'étaient pas de trop pour lutter contre le tourbillonnement des ondes et maintenir la yole en équilibre.

Dans ce mouvement, les plis de son manteau s'étaient dérangés, et Benedict avait cru reconnaître les traits de son ami Sidney. Mais l'homme ramena le pan de son manteau sur son épaule, de manière que le pli supérieur lui cachât le nez. Les yeux étaient ensevelis dans la pénombre projetée par les larges bords du chapeau, et l'identité du personnage était de nouveau devenue impénétrable.

Cependant la tempête augmentait, le vent furieux semblait prendre des filaments de pluie et les décocher de son arc sifflant comme des flèches glacées ; une brume d'eau courait dans l'air, et l'écume des vagues, arrachée par lanières, s'éparpillait phosphorescente à travers l'obscurité. La houle était si forte, qu'elle dépassait souvent le bordage de la barque, et que les rameurs, les pieds appuyés contre les tasseaux, le corps renversé en arrière et pesant de tout leur poids sur les avirons, avaient toute la peine du monde à maintenir l'esquif dans sa direction.

Cachée entre deux énormes vagues, la yole passa inaperçue devant le bateau de police, dont le fanal rouge semblait à moitié endormi, comme un œil aviné.

— Il vente à décorner Satan! murmura Saunders.

Et, voyant que Benedict frissonnait sous son mince habit noir, il lui jeta sur le dos un coin de caban grossier qu'il ramassa avec son pied au fond de la barque.

— Il est certain, reprit-il, qu'avec un temps pareil, nous ne rencontrerons pas beaucoup de canots flânant sur la Tamise. Nous sommes favorisés par le temps, et même un peu trop favorisés, ajouta-t-il en recevant en plein dans la figure l'écume d'une vague qui déferlait.

Les passages des ponts étaient surtout effrayants. L'eau s'engouffrait sous les arches en sombres cataractes avec un bruit terrible et un rejaillissement épouvantable; la rafale qui soufflait en sens inverse contrariait, sans pouvoir l'arrêter, la course furieuse des vagues creusées en tourbillon et rendues folles par cette résistance dans l'étroit passage des piles dont l'obstacle faisait refluer leurs masses. Le vent mugissait, l'eau sifflait et grondait, et les échos humides des arches répercutaient ces bruits en les rendant plus effrayants encore.

La barque, dirigée avec un tact miraculeux et une perspicacité presque inconcevable à travers cette nuit profonde, enfilait juste au milieu l'arche la plus sûre, et se précipitait dans le gouffre comme une paille emportée par la chute du Niagara ou le tourbillon du Maëlstrom ; puis elle ressortait de l'autre côté, pimpante, coquette et fière, et certes elle en avait bien le droit.

Comme elle passait le pont de Blackfriars, une forme blanche venant d'en haut traversa rapidement l'axe de l'arcade et vint tomber sur l'eau comme une plume de cygne, à peu de distance de l'embarcation.

Ce flocon se débattit, et deux bras de femme s'agitèrent au-dessus d'une jupe ballonnée par la chute. Lorsque la barque, suivant son impulsion, passa près de ce pâle fantôme, flottant sur l'eau noire comme une elfe ou une nixe des légendes allemandes, deux mains désespérées s'accrochèrent au bordage avec une si grande force nerveuse, quoique faibles et délicates, que leurs ongles d'agate entrèrent dans le bois comme des griffes de fer.

Si quelqu'un dans la barque eût eu l'idée de relever les yeux, et surtout si la nuit eût été moins opaque, on aurait pu entrevoir vaguement une forme humaine penchée au parapet du pont.

La yole s'inclina subitement de ce côté, embarqua une lame, et eût chaviré si les rameurs ne se fussent portés immédiatement de l'autre.

Une tête effarée et si pâle qu'on la pouvait discerner, malgré l'épaisseur de la nuit, se montra sur le bord de la barque, à travers un ruissellement de cheveux détrempés; ses deux prunelles dilatées luisaient comme des globes d'argent bruni, et de ses lèvres violettes, avec un accent inexprimable, jaillirent ces mots :

— Sauvez-moi! sauvez-moi!

— Que faire? dit Saunders. Si elle continue ainsi, elle va nous faire tourner ou entraver notre marche; et pourtant ce serait dur de lui couper les mains, car il n'y aurait pas d'autre moyen de la faire lâcher et de lui replonger la tête dans cette vilaine eau noire qui lui fait si grand'peur.

— Ce serait un crime abominable, dit Benedict en saisissant les bras de l'infortunée et en s'efforçant de l'attirer dans le bateau.

Tous les rameurs se jetèrent à l'autre bord, et,

comme l'homme mystérieux placé à la poupe ne fit aucune observation, Saunders aida Benedict dans l'opération du sauvetage ; et bientôt, passée par-dessus le bord, la femme entra dans la barque, et s'assit ou plutôt s'affaissa aux pieds de Benedict.

La marche de la barque, un instant retardée par cet incident, fut accélérée pour regagner le temps perdu, et bientôt on laissa en arrière le pont de Londres, et la yole fila avec plus de rapidité que la flèche au milieu des rangées de navires, dont les espars se heurtaient avec un cliquetis lugubre, et dont les poulies, tracassées par le vent, piaulaient comme des oiseaux de nuit.

Le silence le plus profond régnait dans la barque, les rameurs semblaient retenir leur souffle, les rames garnies de linges entraient dans l'eau muette, comme si elles se fussent baignées dans un brouillard, et le seul bruit qu'on entendît, c'était le claquement des dents de la pauvre femme qui frissonnait dans ses vêtements mouillés.

On sortit enfin de la ville de navires dont les quartiers se groupent à partir du pont de Londres jusqu'à l'île des Chiens, et les rameurs enfoncèrent avec plus de vigueur et moins de précaution leurs avirons dans l'eau moins turbulente, car la fureur de l'orage s'était un peu abattue.

Certes, Benedict, qui avait étendu un pan du surtout que lui avait prêté Saunders sur les épaules de la malheureuse jeune femme vêtue seulement de mousseline blanche, ne se doutait pas qu'il l'eût déjà vue une fois dans la journée sous le porche de Sainte-Margareth, où la manche de son habit avait effleuré le voile de dentelles qui la couvrait; et certainement la pauvre Edith Harley — car c'était elle — n'aurait pas cru que l'homme aux pieds duquel, par cette nuit glacée, elle se tordait en sanglotant, était l'heureux Benedict Arundell.

Un étrange destin réunissait dans cette barque frêle, au milieu d'un ouragan, le mari sans femme, la femme sans mari. Une combinaison capricieuse, désunissant les couples que tout semblait assortir, en faisait un autre de leurs parties brisées et disjointes.

X

La yole nagea encore quelque temps, jusqu'à la hauteur de Gravesend, à peu près. La tempête s'était un peu apaisée, et le ciel, quoique toujours menaçant, laissait entrevoir quelques étoiles dans le bleu noir de la nuit, à travers les déchirures élargies des nuages. Les vagues, remuées jusque dans leurs profondeurs, s'agitaient lourdement et déferlaient en lames pesantes sur les berges du fleuve évasé en bras de mer; le vent grommelait en s'éloignant, comme un chien hargneux et poltron qui vient de recevoir un coup de pied.

Une coque noire, surmontée d'espars déliés comme

des fils d'araignée, sortit de l'eau, et se dessina vaguement dans l'obscurité.

C'était *la Belle-Jenny* à l'ancre, et masquée jusque-là par un coude du fleuve. Tout semblait dormir à son bord : les écoutilles étaient soigneusement fermées ; pas une lumière, pas un mouvement, rien que le cri des poulies fouettées par les derniers souffles de la rafale ; ce sommeil était trop profond pour être naturel. En effet, *la Belle-Jenny* ne dormait que d'un œil, car la yole ne fut pas plus tôt dans ses eaux, qu'une tête se leva au-dessus du bastingage, et, se penchant vers le fleuve, murmura d'une voix basse mais distincte :

— Ohé ! là-bas, de la yole ! ohé ! est-ce vous ?

— Oui, répondit sur le même ton Saunders, et voici le mot de passe : « Le crabe marche de travers, mais il arrive. »

— Sage maxime, ajouta Mackgill en se présentant au sommet de l'échelle.

Le canot s'était rangé tout à fait sur le flanc de *la Belle-Jenny*, et Saunders, tenant toujours d'une main le bras d'Arundell, et de l'autre empoignant une des cordes de tire-veille, commença à gravir l'échelle escarpée. Arundell eut un instant l'idée de se laisser tomber; mais la main de Saunders l'étreignait comme un étau, et, d'ailleurs, les autres compagnons, montant immédiatement après lui, avaient les doigts à la hauteur de ses talons, et l'eussent probablement retenu. Il eût pu aussi rouler dans le canot resté en bas.

Toute tentative d'évasion était donc impossible; il continua son ascension aussi lentement que s'il eût monté les échelons de la potence, car il sentait que chaque pas qu'il faisait l'éloignait d'une immensité de miss Amabel. Son transport, opéré avec tant de précaution et de mystère sur un vaisseau qui semblait l'attendre, annonçait un projet médité depuis longtemps; tous ces agents silencieux obéissaient à une volonté dont le but restait impénétrable pour lui. Que voulait-on faire de sa personne? l'emmener dans une région lointaine, le retenir en otage pour une rançon de ses parents et de ses amis? Aurait-il été la victime à Londres d'une de ces troupes de trabucaires qui emmènent leurs prisonniers dans la montagne, sauf à envoyer à la ville une oreille du captif en manière de sommation?

— Et la femme, qu'on allons-nous faire? dit Saunders, qui était resté dans le canot, après avoir confié sir Benedict Arundell aux soins de Jack et d. Mackgill, à l'homme au manteau, toujours assis près de la poupe. La rejeter à l'eau après l'avoir sauvée, ce serait dur.

— Qu'on la monte là-haut, répondit brièvement l'homme embossé dans sa cape.

Edith avait écouté ce dialogue, où sa vie s'agitait, comme si la question ne l'eût pas regardée; elle tremblait convulsivement, et les bourdonnements de la folie passaient dans sa tête traversée d'éblouissements fébriles; elle se laissa prendre et emporter comme un enfant malade par sa nourrice.

Saunders, habitué à de plus lourds fardeaux, gravit l'échelle vacillante avec la légèreté d'un chat, et eut bientôt déposé sur le pont miss Edith, qu'il adossa contre le mât, car elle se soutenait à peine, et ses membres inertes, n'étant plus guidés par aucune volonté, flottaient comme au hasard. L'homme au manteau ordonna à Saunders de la conduire sous l'entre-pont, dans un endroit d'où elle ne pût rien voir et où elle ne pût pas être vue.

L'ordre fut aussitôt exécuté, et le pont de *la Belle-Jenny*, redevenu désert, ne résonna bientôt plus que sous les pas de l'homme au manteau, qui se promenait sur le tillac, épiant la direction du vent; car Benedict avait aussitôt été conduit dans la cabine d'arrière par Jack et Mackgill, et soigneusement enfermé dans sa nouvelle prison.

Sa cabine était ornée avec assez d'élégance; le lit, caché par de courts rideaux de damas, s'enfonçait dans un cadre de bois des îles. Un divan de crin noir, une table suspendue de manière que son niveau ne fût pas dérangé par le roulis, et une petite lampe enclavée au plafond en formaient l'ameublement; mais la fenêtre, à laquelle Benedict courut d'abord, était faite d'un rond de verre dépoli joint avec une précision parfaite et d'une épaisseur à ne laisser ni transparence ni espoir d'évasion. La porte paraissait également bien fermée.

Arundell, voyant que tout essai de fuite était impossible, alla s'asseoir dans l'angle du divan et resta là sans pensée et sans rêve, subissant son sort avec la patience du sauvage ou de l'animal captif: des suppositions, il était las d'en faire; des projets, ils étaient inutiles. Perspicacité, intelligence, résolution, rien ne pouvait servir. Enveloppé d'inextricables réseaux, par un ennemi inconnu, pauvre mouche prise dans la toile d'une araignée mystérieuse, il ne pouvait, en se débattant, qu'enchevêtrer ses ailes encore davantage, et que faire redoubler les fils qui le retenaient. Jouet d'un guet-apens horrible ou d'une trahison infâme, il lui fallait attendre son sort en silence. Fatigué des événements et des émotions de cette journée terrible, malgré son désir de rester éveillé pour observer les choses qui allaient se passer, il sentait malgré lui ses paupières s'appesantir. Quoique son esprit veillât, son corps dormait.

Pendant ce temps, la brise avait sauté, et le capitaine Peppercul, en train de déguster à petites gorgées un gallon plein de rhum pour se préserver du brouillard humide, interrompit cette douce occupation, et, sur l'avis de l'inconnu au manteau noir, qui avait observé les rhumbs du vent avec la sagacité d'un homme expérimenté aux choses de la mer, monta sur le pont en chancelant un peu. Comme le brouillard était extrêmement humide ce soir-là, en mortel plein de prudence, il s'était extrêmement prémuni. Mais le digne capitaine Peppercul n'était pas un gaillard à péricliter pour une mesure de spiritueux, et deux ou trois bouffées d'air frais lui eurent bientôt rendu tout son sang-froid.

— Capitaine, la marée nous favorise, le vent a changé, il faut mettre le cap sur la pleine mer; notre expédition en Angleterrre est finie, dit l'homme au manteau en voyant paraître Peppercul.

— Entendre, c'est obéir, répondit celui-ci en parodiant à son insu la formule du dévouement oriental ; car l'homme au manteau paraissait lui inspirer un respect mélangé de crainte, quoique de sa nature le capitaine Peppercul ne fût ni servile ni poltron.

L'ordre fut donné d'appareiller. Les barres d'anspect furent placées dans l'arbre du cabestan, et les matelots, pesant dessus de toute la force de leurs bras et de leur poitrine, commencèrent leur manége circulaire en poussant sur un rhythme plaintif ce singulier gloussement composé de la plainte du vent, du sanglot de la lame, du cri de la mouette, et dans lequel l'inquiétude de la nature semble se mêler à l'effort humain. L'ancre dérapait, et déjà plusieurs tours de chaîne s'enroulaient au tambour et mouillaient le pont de leur dégout.

A ces plaulements bizarres, aux piétinements réguliers qui les accompagnaient, Benedict, qui déjà ébauchait un rêve plein de catastrophes étranges et d'apparitions sinistres, vague image de ses aventures de la journée, comprit qu'on levait l'ancre et qu'on allait partir. Quoique ce détail n'aggravât pas beaucoup sa situation et qu'il lui fût, au fond, assez indifférent d'être captif dans une prison immobile ou dans une prison voyageuse, il se sentit pris d'une incommensurable tristesse : être prisonnier en Angleterre, sur un sol peuplé de ses amis qui le cherchaient, vivre dans l'air que respirait Amabel, c'était encore une consolation ; il ne pouvait plus compter sur les efforts de ses parents et de ses connaissances pour le retrouver. Comment suivre sa trace dans ce sillage qui se referme aussitôt en tourbillonnant? Amabel était à jamais perdue pour lui !

Les cris singuliers continuaient toujours, et bientôt l'ancre relevée fut attachée aux amures ; les matelots, grimpés sur les huniers et sur les vergues, déferlèrent les voiles, qui s'ouvrirent à la brise en palpitant avec bruit, comme des ailes d'oiseau de mer qui voudraient s'envoler ; mais, retenues par les écoutes, elles se creusèrent, s'arrondirent, et, donnant leur impulsion à *la Belle-Jenny*, la firent gracieusement pencher dans son sillage.

Mackgill, debout près de l'habitacle de la boussole,

éclairée par une lueur tremblotante, tenait la roue du gouvernail, et, guidant *la Belle-Jenny,* aussi sensible à l'impulsion qu'un cheval à bouche délicate à l'action du mors et de la bride, il la redressait, l'infléchissait, évitant les rencontres des navires et des barques, que les approches du jour commençaient à faire sortir de leur torpeur et qui se croisaient en tous sens sur le large fleuve.

Le matin commençait à se lever ; des lignes de lumière blafarde sillonnaient les épais bancs de nuages. Les feux rouges des bateaux-phares pâlissaient sensiblement, éteints par les lueurs du jour naissant ; les rives du fleuve, à peine visibles, reculaient à l'horizon, et les eaux jaunes bouillonnaient en lames plus larges. L'approche de la haute mer se faisait sentir, et *la Belle-Jenny,* bercée par le roulis, enfonçait et relevait sa proue entourée d'un flot d'écume.

Benedict, à moitié assoupi, se tenait accoudé sur son oreiller de crin lorsqu'un craquement de la porte le réveilla tout à fait.

Le panneau glissa dans la rainure, et l'homme au manteau noir parut sur le seuil de la cabine.

La chambre était sombre, et Benedict ne put tout

de suite distinguer les traits de celui qui venait ainsi troubler sa solitude ; l'ombre du grand chapeau voilait encore sa figure, et les plis du manteau dissimulaient sa taille.

Cependant l'intention du nouveau survenant ne parut pas être de prolonger plus longtemps son incognito, car il s'avança sous la petite lampe qui brûlait encore, jeta en arrière sa cape, ôta son chapeau, et découvrit aux regards surpris d'Arundell la tête de sir Arthur Sidney.

Arundell ne put retenir un cri de surprise.

Sir Arthur Sidney resta parfaitement calme en face de son ami, et comme s'il ne se fût rien passé d'extraordinaire. Les rayons de la lampe, jouant sur les luisants satinés de son front lui faisaient, comme une espèce d'auréole. Son regard était plein de calme, et ses traits exprimaient la sérénité la plus parfaite.

— Quoi ! c'est vous, sir Arthur !

— Moi, revenu ce matin des Indes.

— Que signifie tout ceci, Arthur ? s'écria Benedict ne pouvant plus douter de l'identité de Sidney.

— Cela signifie, répondit tranquillement Sidney, que je n'avais pas donné mon consentement à ce mariage, et qu'il a bien fallu l'empêcher. Voilà tout. Je vous demande pardon des moyens employés. Je n'en avais pas d'autres, j'ai pris ceux-là.

— Quelle prétention étrange! répliqua Benedict, décontenancé par la simplicité froide de la réponse. Êtes-vous mon père, mon oncle, mon tuteur, pour vous arroger de tels droits sur moi?

— Je suis plus que tout cela, je suis votre ami, répondit gravement Sidney.

— Singulière façon de le montrer, que de détruire le bonheur de ma vie et de me plonger dans le plus affreux désespoir!

— Le chagrin passera, dit Arthur : les peines des amoureux ne sont pas de longue durée, le vent les emporte comme des plumes de mouette sur la mer. D'ailleurs, vous ne vous apparteniez pas, continua-t-il en tirant de sa poche un papier qu'il déploya devant Benedict.

Ce papier déjà jauni semblait écrit depuis longtemps, il était cassé à ses plis. L'écriture qu'il contenait avait dû changer de couleur; les caractères en étaient roussâtres, on eût dit que, pour les tracer, le sang avait servi d'encre.

A l'aspect de ce papier d'apparence cabalistique, et qui ne ressemblait pas mal à la cédule d'un pacte avec le diable, sir Benedict Arundell parut embarrassé et garda le silence.

— Est-ce bien là votre signature? dit Sidney en tenant le papier à la hauteur des yeux de Benedict.

— Oui, c'est bien mon nom et mon parafe, répondit sir Benedict Arundell d'un ton résigné.

— Avez-vous librement posé là votre nom de gentilhomme?

— Je ne puis dire qu'on m'ait forcé, répondit Arundell; oui, j'ai mis là mon nom, plein d'enthousiasme et de foi.

— Et c'est un serment formidable que celui que renferme cette lettre. Vous avez juré par tout ce qui peut lier sur cette terre où nous sommes, par le Dieu qui créa les mondes, par le démon qui les veut détruire, par le ciel et l'enfer, par l'honneur de votre père et la vertu de votre mère, par votre sang de gentilhomme, par votre âme de chrétien, par votre parole d'homme libre, par la mémoire des héros et des saints, sur l'Évangile et sur l'épée, et, au cas où notre religion ne serait qu'une erreur, par le feu et l'eau, sources de la vie, par les forces secrètes de la nature, par les étoiles, mystérieuses régulatrices des destinées, par Chronos et par Jupiter, par l'Achéron et par le Styx, qui autrefois liait les dieux. S'il est au monde une formule plus irrévocable, je l'ignore ; mais, quand vous avez écrit ces lignes, vous avez cherché tout ce qu'il y a de plus redoutable et de plus sacré pour donner de la force au serment que ce papier contient.

— C'est vrai, répondit Arundell.

— J'avais besoin de vous, continua Sidney, et, en vertu des droits que cet écrit me donne, je suis venu vous chercher, puisque vous ne veniez pas.

Benedict, comme accablé, baissa la tête et ne répondit point.

— Lorsque vous serez plus calme, continua Sidney, je vous dirai ce que j'attends de vous et ce que vous avez à faire.

Cela dit, sir Arthur se retira, fermant après lui le panneau à coulisses, et *la Belle-Jenny*, poussée par un bon vent, entra dans la pleine mer.

XI

Nous profiterons de ce que *la Belle-Jenny* s'avance, poussée par un bon vent, et file dix nœuds à l'heure, pour faire dans notre récit quelques pas rétrogrades mais nécessaires. Nous devons expliquer comment miss Edith se trouvait au milieu de la Tamise par cette nuit de tempête, près d'être engloutie sous les eaux, au lieu d'être dans l'ombre tiède et parfumée de la chambre nuptiale, frémissante sous le baiser d'un époux aimé.

On se rappelle sans doute qu'un homme d'apparence misérable avait remis au comte de Volmerange un pli cacheté à la sortie de l'église.

Ce pli, le comte, tout entier à d'autres soins, l'avait laissé dans sa poche, sans l'ouvrir, se réservant d'en prendre connaissance plus tard, et l'avait oublié dans les émotions de cette journée. Mais, le soir, resté seul un instant, pendant que les femmes d'Edith la déshabillaient et lui passaient son peignoir de nuit, il sentit craquer ce papier dans sa poche, et, par un mouvement machinal, il le décacheta et le lut.

Au même moment, on vint lui dire qu'il pouvait entrer dans la chambre d'Edith. — Il se leva tout d'une pièce comme la statue du Commandeur interpellée par Leporello pour le souper de don Juan. Son poing crispé froissait le papier fatal, une pâleur mortelle couvrait son visage, où luisaient dans un orbe ensanglanté ses prunelles d'un bleu dur, et ses talons tombaient pesamment sur le parquet comme des talons de marbre; alourdi sous le poids d'un malheur écrasant, il marquait ses pas comme l'apparition sculptée.

Edith, protégée par l'ombre transparente des rideaux, cachait à demi sa tête dans son oreiller garni de dentelle. La craintive rougeur de la vierge attendant l'époux ne colorait pas ses joues abandonnées par le sang et d'une blancheur telle, qu'on pouvait à peine les distinguer de la taie de batiste sur laquelle elles reposaient.

Elle flottait dans une perplexité terrible ; la conscience de sa faute l'agitait, et elle ne savait quelle résolution prendre. Vingt fois l'aveu était venu sur le bord de ses lèvres, sans pouvoir les franchir. Rien n'amenait cette confidence étrange. Cette liaison improbable, résultat d'une fascination presque surnaturelle, était restée profondément ignorée : tout le monde autour d'Edith avait une confiance si sereine dans sa pureté, que parfois elle-même doutait de l'avoir perdue. Aucune ouverture ne provoquait une pareille confidence : ses rougeurs, ses pâleurs, ses silences étaient pris pour ces inquiétudes virginales qui tourmentent les jeunes filles aux approches de leur mariage ; l'amour même légitime a ses troubles, et les larmes sont à l'ordre du jour dans les yeux des jeunes fiancées.

Chaque jour, elle se disait : « Il faut que je parle, » et le jour se passait sans qu'elle eût parlé ; les préparatifs s'avançaient sans qu'elle osât s'y opposer, et la révélation devenait de plus en plus impossible. Edith aimait Volmerange, et, bien que son caractère fût d'une loyauté parfaite, et que l'ombre d'une fausseté lui répugnât, elle n'avait pas la force de porter elle-même ce coup de hache à sa félicité. Elle s'était sentie lâche devant ce malheur. Et, comme les gens perdus qui comptent sur un incident impossible pour les tirer d'une situation désespérée, elle avait laissé les choses aller ; maintenant, le moment terrible était arrivé, et, comme une colombe tapie à terre qui entend bruire autour d'elle le vol circulaire de l'autour, elle attendait, palpitante d'inquiétude et de terreur. Il lui semblait alors qu'elle aurait dû tout dire, repousser Volmerange, ne pas accepter ce bonheur dont elle n'était pas digne. Mais il était trop tard.

Il faut dire aussi, pour la justification d'Edith, qu'elle était coupable, mais non dégradée ; elle avait une de ces natures que le mal peut atteindre et ne saurait pénétrer, comme ces marbres que la boue salit, mais ne tache pas, et qu'un flot du ciel fait paraître plus purs et plus blancs que jamais. Sa chute n'avait que de nobles motifs. Xavier avait joué près d'Edith la comédie du malheur ; il s'était prétendu opprimé, méconnu, forcé de rester dans son humble sphère par les invincibles préjugés de l'aristocratie, et avait soutenu que la fille de lord Harley ne pouvait aimer qu'un lord, pair d'Angleterre, à la mode et jouissant d'une immense fortune. Ces choses, dites simplement, d'un air résigné et froid, avec des yeux brûlant d'une passion contenue, provoquaient la nature noble et chevaleresque d'Edith à quelque folie de dévouement consolateur.

Elle avait voulu jouer le rôle de la Providence pour ce génie obscur, pour cet ange exilé qui n'était qu'un démon; puis elle s'était donnée, prenant la pitié pour de l'amour : la passion vraie de Volmerange lui avait bientôt fait sentir à quel point elle s'était trompée; et, d'ailleurs, Xavier, sûr de son triomphe, n'avait pas tardé à se démasquer, et, loin de s'opposer, comme on aurait pu le croire, à l'union d'Edith et de Volmerange, il l'avait en quelque sorte exigée de celle-ci dans quelque dessein sinistre et ténébreux impossible à comprendre. En outre, Volmerange était si éperdument amoureux d'Edith, qu'un semblable aveu eût pu faire craindre pour sa raison. Edith, jusqu'à un certain point, pouvait se croire encore digne d'être aimée d'un homme d'honneur, et son silence n'était pas une perfidie.

Quand Volmerange entra, Edith comprit qu'elle

était perdue; le comte s'approcha du lit avec une lenteur automatique et tendit le papier au visage de la jeune fille éperdue et pelotonnée dans ses couvertures par un mouvement de crainte instinctif.

— Dites, s'écria le comte d'une voix étranglée et avec une espèce de râle strident, dites que l'assertion contenue dans cette lettre est fausse, et je vous croirai, dût la lumière m'aveugler les yeux.

La pauvre Edith, demi-folle de peur, s'était redressée, et, l'œil hagard, les lèvres tremblantes, les joues sans couleur, comme si on lui eût présenté la tête de Méduse, regardait le papier où flamboyait sa condamnation de ce regard vide et terne de la démence.

Dans le brusque mouvement qu'elle avait fait, le lien qui retenait ses cheveux s'était rompu, et ses boucles noires pleuvaient sur ses épaules et sur sa gorge, dont elles faisaient encore ressortir la blancheur inanimée.

Desdémone ne dut pas se dresser plus effrayée et plus pâle sous la question sinistre du More de Venise; et, bien que Volmerange n'eût pas le teint couleur de bistre, il n'en avait pas moins l'air terrible et farouche.

Il y eut un moment de silence plein d'attente, d'angoisse et de terreur.

Au dehors, la tempête mugissait; des grains de pluie fouettaient les vitres. Le vent semblait appuyer son genou sur la fenêtre et y faire des pesées comme pour entrer, curieux d'assister à cette scène nocturne. La maison, battue par l'orage, tremblait sur ses fondements, les portes craquaient dans leurs chambranles, des plaintes confuses couraient dans les corridors; la lampe, à demi baissée pour les mystères de la nuit nuptiale, se ravivait par instants et jetait des clartés blafardes. Tout augmentait l'épouvante de la situation.

La pendule sonna deux heures. Son timbre, d'ordinaire si clair, si argentin, résonnait lugubrement.

Volmerange se pencha sur le lit, grinçant des dents, l'œil plein d'éclairs, saisit le bras d'Édith avec une brutalité impérieuse, et réitéra sa phrase d'un ton bref et fiévreusement saccadé. Une écume de rage moussait à ses lèvres, qu'il avait mordues si fort pendant la minute de silence, que le sang en avait jailli.

La jeune fille, en voyant si près d'elle ce visage dont

la beauté admirable ne pouvait s'effacer même dans les contractions de la fureur et rappelait la face d'un archange irrité, sentit ses forces l'abandonner, le vertige de l'évanouissement passa sur ses yeux, et elle aurait perdu connaissance si une violente secousse ne l'eût fait revenir à elle.

Il lui sembla que son bras, arraché, allait quitter son épaule. Volmerange l'avait jetée à bas du lit.

Elle était au milieu de la chambre; un second choc la fit tomber à genoux.

— C'est bien, dit Volmerange, vous allez mourir.

Et il se mit à courir comme un forcené autour de la chambre, cherchant quelque arme pour exécuter sa menace.

— Oh! monsieur, ne me faites pas de mal! murmura Edith d'une voix agonisante.

Volmerange cherchait toujours; — une chambre nuptiale n'est pas ordinairement fournie de poignards, pistolets, casse-têtes et autres instruments de destruction.

— Tonnerre et sang! grinçait-il en tournant comme une bête fauve, serai-je obligé de lui briser la cervelle à l'angle d'un meuble, de l'étrangler de mes mains, de lui ouvrir les veines avec mes ongles, de l'étouffer sous le matelas de mon lit de noces ? Ah ! ah ! ce serait charmant, continua-t-il avec un rire de démence. Jolie scène ! très-dramatique, très-shakspearienne, en vérité !

Et il s'avança vers Edith, qui, toujours agenouillée, les bras pendants, les mains ouvertes, la tête penchée sur la poitrine, les cheveux ruisselants, restait dans la position de la Madeleine de Canova. En voyant se rapprocher ce furieux, mue par un suprême instinct de conservation, la pauvre enfant se releva comme si elle eût été poussée par un ressort, courut à la porte de glace qui donnait sur le jardin, l'ouvrit avec cette adresse machinale des somnambules ou des gens dans une position désespérée, et s'élança, portée par les ailes de la peur, dans les noires allées du jardin, suivie de Volmerange.

Elle ne sentait pas sous ses pieds délicats et nus l'empreinte du gravier et des coquillages ; les branches, chargées de pluie, fouettaient son visage et ses épaules nues, et semblaient vouloir la retenir par les plis de son peignoir ; le souffle ardent de Volmerange haletait presque sur sa nuque, et plusieurs fois les mains du furieux tendues l'avaient presque atteinte.

Elle arriva ainsi au parapet de la terrasse, qu'elle franchit, laissant aux griffes de fer de l'artichaut de serrurerie posé là ce fragment de mousseline, seul vestige offert aux conjectures de lord et de lady Harley.

Son mari fut presque aussitôt qu'elle dans la rue, et la poursuite continua.

Les forces commençaient à manquer à la pauvre Edith. Ses genoux se choquaient, ses artères sifflaient dans ses tempes, sa poitrine haletait. Elle avait déjà parcouru, dans cette course de biche traquée, une ou deux rues désertes à cause de l'heure avancée et de l'orage : et, quand même un passant attardé se fût trouvé là, il ne lui aurait pas porté secours, la prenant pour quelque fille de joie se sauvant après une rixe de quelque orgie nocturne, ou poursuivie pour quelque vol.

Dans sa fuite, elle était arrivée près de la Tamise, au bout du pont de Blackfriars, qu'elle se mit à traverser d'un pas essoufflé et ralenti.

A peu près au milieu, au bout de ses forces et de son haleine, les pieds meurtris, son peignoir de nuit souillé de fange et collé à son corps brûlant et transi par les derniers pleurs de la tempête, elle s'arrêta et s'appuya contre le parapet, résolue à ne pas disputer plus longtemps sa vie à la fureur de Volmerange. Après tout, c'était encore une douceur de mourir par lui, puisqu'elle ne pouvait vivre pour lui.

Le comte, l'ayant rejointe, la saisit par les deux bras et lui dit :

— Jurez-moi que le contenu de la lettre est faux.

Edith, qui avait repris, après avoir cédé à ce mouvement de terreur physique, toute sa dignité naturelle, répondit :

— La lettre a dit vrai. Je ne sauverai pas ma vie par un mensonge.

Volmerange la souleva comme une plume, la balança quelques secondes hors du parapet sur le gouffre noir.

L'eau invisible rugissait et tourbillonnait sous l'arche ; jamais nuit plus épaisse n'avait pesé sur la Tamise.

— Sombre abîme, garde à toujours le secret du déshonneur de Volmerange ! dit le comte, le corps à moitié hors du pont.

Puis il ouvrit les mains...

Une plainte faible comme un soupir de colombe étouffée fut la dernière prière d'Edith. Le vent poussa comme un long sanglot de désespoir, et un léger flocon blanc descendit dans la brume épaisse, comme une plume arrachée de l'aile d'un cygne, et tomba dans le fleuve, sans que, de cette hauteur, l'on pût entendre le bruit de sa chute, couvert par le murmure de l'eau, le craquement des barques, les jérémiades de la rafale, et tous ces mille bruits par lesquels se plaint la nature dans une nuit de tempête.

— A l'autre, maintenant!... dit Volmerange en retournant sur ses pas. Il faut que je le trouve, fût-il caché au fond du dernier cercle de l'enfer.

Et il s'enfonça dans le dédale des rues d'un pas rapide et plein de résolution.

Entraîné au courant de notre récit, nous n'avons pas dit qu'un homme qu'on aurait pu prendre pour une ombre portée se tenait collé à la muraille de la maison du comte de Volmerange. Veillait-il là pour son compte ou pour celui d'un autre? C'est ce que nous ne savons pas encore. Était-ce un voleur, un amant ou un espion, un ennemi ou un ami? Pressentait-il la catastrophe qui devait arriver, et avait-il voulu y assister invisible témoin? Toutes ces questions, nous ne sommes pas encore à même de les résoudre. Ce que nous pouvons dire, c'est que le rôdeur nocturne vit Edith sauter la terrasse du jardin, Volmerange la poursuivre et la jeter dans la Tamise, sans intervenir dans cette scène affreuse, dont il s'était contenté d'être le spectateur lointain et silencieux. Quand Volmerange, sa vengeance accomplie, rentra dans le cœur de la ville, l'ombre le suivit de loin, réglant son pas sur le sien, de façon à ne pas le perdre de vue et ne pas en être remarqué.

La tête en feu, le cœur plein de rage et de regrets, Volmerange marcha ainsi jusqu'à Regent's-Park, où, accablé de fatigue, de douleur et de désespoir, il se laissa tomber sur un banc, au pied d'un arbre, dans l'état le plus complet de prostration; ses idées l'abandonnaient et sa tête vacillait sur ses épaules; sa taille vigoureuse fléchissait; il tomba dans ce morne assoupissement par lequel la nature, lasse de souffrir, se refuse aux tortures morales ou physiques.

Pendant qu'il sommeillait, l'ombre noire s'approcha de lui d'un pas si léger, si furtif, si souple, qu'elle ne déplaçait pas un grain de sable et qu'elle ne courbait pas un brin de gazon ; elle posa sur les genoux de Volmerange un papier de forme bizarre et une enveloppe pleine de lettres, puis se retira plus doucement encore et se cacha derrière les arbres, avec lesquels elle se confondit bientôt.

Quelque léger qu'eût été le mouvement, il réveilla Volmerange, qui vit le papier et l'enveloppe posés si mystérieusement sur ses genoux, et courut sous une lanterne.

L'enveloppe contenait des lettres d'Edith prouvant sa faute. Le papier était ainsi conçu :

« Je jure de ne jamais disposer de moi, de ne m'engager dans aucun lien, ceux du mariage et autres, et de me tenir toujours libre pour la junte suprême : je le jure par le Dieu qui créa les mondes, par le démon qui les veut détruire, par le ciel et l'enfer, par l'honneur de mon père et la vertu de ma mère, par mon sang de gentilhomme, par mon âme de chrétien, par ma parole d'homme libre, par la mémoire des héros et des saints, par l'Évangile et par l'épée, et, au cas où notre religion ne serait qu'une erreur, par le feu et par l'eau, sources de la vie, par les forces secrètes de la nature, par les étoiles, mystérieuses régulatrices des destinées, par Chronos et par Jupiter, par l'Achéron et par le Styx qui autrefois liait les dieux.

» Signé de mon sang,

» VOLMERANGE. »

XII

Après cette lecture, le comte, fou de douleur et de rage, se mit à parcourir le parc en tout sens, à la recherche de l'être mystérieux qui avait, pendant son assoupissement, jeté sur ses genoux les lettres d'Edith et la formule du pacte qui le liait à un pouvoir inconnu.

En vain il battit les allées, les contre-allées, les recoins de bosquets, il ne put rien découvrir. Il est vrai que la nuit était sombre et que de vagues reflets de lanternes éloignées le guidaient seuls dans sa poursuite.

Las de cette course insensée, il sortit du parc, et se

dirigea, sans trop savoir où il allait, du côté de Primerose-Hill.

Les maisons s'éclaircissaient, les champs commençaient à se mêler à la ville, et bientôt il se trouva dans la campagne, gravissant les premières pentes de la colline.

Toutes ces marches et contre-marches avaient pris du temps, et l'aurore tardive de novembre jetait de vagues lueurs dans le ciel, que jonchaient de grands nuages éventrés, gigantesques cadavres restés sur le champ de bataille de la tempête. Rien ne ressemblait moins à l'Aurore aux doigts de rose d'Homère que ce sinistre lever du soleil britannique.

Il se laissa tomber au pied d'un arbre qui frissonnait à l'aigre brise du matin, déjà veuf de plus de la moitié de ses feuilles, et reprit dans sa poche les lettres à moitié lacérées d'Edith, qu'il y avait plongées par un mouvement machinal : tout en ne lui laissant aucun doute sur son malheur, elles étaient d'un style contraint, et la passion ne s'y exprimait qu'avec des formes embarrassées ; on eût dit que la jeune femme avait cédé plutôt à une fascination involontaire qu'à une sympathie.

Cette lecture envenimait encore les plaies de Volmerange ; mais il avait besoin de la faire pour légitimer sa vengeance à ses propres yeux ; après son action violente et terrible, un doute lui venait, non sur la certitude de la faute, mais sur la légitimité de la punition : cette forme blanche, descendant à travers l'ombre vers le gouffre noir du fleuve, lui passait toujours devant les yeux comme un remords visible. Il se demandait s'il n'avait pas outre-passé son droit d'époux et de gentilhomme, en infligeant une mort affreuse à un être jeune et charmant à peine au seuil de la vie. Quelque coupable que fût Edith, elle était tellement punie, qu'elle devenait innocente.

Qui lui eût dit le matin que le soir il serait meurtrier, lui eût produit l'effet d'un fou ; et cependant il venait d'immoler impitoyablement une femme sans défense, une femme dont il avait juré à la face du ciel et des hommes d'être le protecteur. La terrible exécution qu'il avait faite, bien que juste d'après les lois du point d'honneur, l'épouvantait et lui apparaissait dans son horrible gravité ; et, d'ailleurs, sa vengeance n'eût-elle pas dû commencer par le complice d'Edith ? Cédant à sa colère aveugle, il s'était ôté, en tuant la coupable, tout moyen de remonter à la source du crime. C'était l'infâme séducteur dont il aurait dû arracher le nom à Edith et qu'il eût eu plaisir à torturer lentement et avec la plus ingénieuse barbarie, car une mort prompte n'eût pas assouvi sa vengeance.

Puis, songeant aux liens qui l'attachaient à l'association mystérieuse dont nos lecteurs ont pu voir la formule de serment, il s'indignait de cette autorité revendiquée après plusieurs années de silence, et, bien que le serment ne lui eût pas été extorqué, il sentait son indépendance se révolter contre cette prétention de disposer de lui. — Il avait juré, il est vrai, mais dans l'enthousiasme de la jeunesse, de mettre toutes ses forces et toute son intelligence au service de l'idée commune ; mais fallait-il pour cela abjurer les sentiments de son cœur, cesser d'être homme et devenir comme un bâton dans la main cachée ?

Il lui semblait saisir une coïncidence étrange entre le déshonneur d'Edith et ce rappel au serment prononcé. N'avait-on pas voulu, par ce coup terrible, le détacher des choses humaines, et profiter de son désespoir pour le jeter à corps perdu dans les entreprises impossibles ?

Il se rappelait une phrase prononcée jadis par un des membres influents de l'association : « Dieu a mis la femme sur la terre, de peur que l'homme ne fît de trop grandes choses. » En lui découvrant l'indignité de celle qu'il aimait, sans doute on avait pensé le convaincre, sans réplique, de la maxime de Shakspeare : « Fragilité, c'est le nom de la femme, » et le faire renoncer pour toujours à ses trompeuses amorces.

— Oh! disait-il dans sa pensée, à qui se fier désormais, si le front ment comme la bouche, si la candeur trompe, si la pudeur n'est qu'un masque, si l'étincelle céleste n'est qu'un reflet de l'enfer, si le cœur de la rose est plein de poison, si la couronne virginale ceint des cheveux dénoués par la débauche... Edith! Edith! oh! je t'avais confié sans crainte et sans défiance l'honneur de mon antique maison; j'aurais cru que tu aurais transmis pur le sang des vieux chevaliers et le sang royal de l'Inde qui coule dans nos veines. Et cependant elle m'aimait, j'en suis sûr, s'écria-t-il en frappant violemment son genou avec son poing; non, son doux regard disait vrai; sa voix avait l'accent de l'amour sincère; il y a là-dessous quelque machination horrible. Mais a-t-elle nié l'accusation une seule fois?

a-t-elle prononcé un mot pour sa défense? Elle est coupable... coupable... coupable..., continua-t-il en répétant le mot avec l'insistance monotone des gens qui sentent leurs idées s'échapper et qui raccrochent à la dernière syllabe prononcée, comme à un rameau sauveur, leur raison qui se noie.

Des larmes coulaient le long de ses joues une à une, silencieusement et sans interruption; il ne pensait même pas à les essuyer, et répétait d'un air fou et comme un vague refrain de ballade :

— Elle est coupable, coupable, coupable !

Le jour s'était levé tout à fait, et, des hauteurs de Primerose-Hill, la vue s'étendait sur la ville de Londres, qui commençait à fumer comme une chaudière en ébullition; c'était un spectacle plein de grandeur et de magnificence. De larges traînées de brouillard bleuâtre indiquaient le cours de la Tamise, et çà et là s'élançaient de la brume les flèches pointues des églises indiquées par un rayon de lumière oblique.

Les deux tours de Westminster ébauchaient leurs masses noires presque en ligne directe; le duc d'York posait, imperceptible poupée, sur sa mince colonne; puis, à gauche, le monument du feu élevait vers le

ciel ses flammes de bronze doré, la Tour groupait sa
botte de donjons, Saint-Paul arrondissait sa coupole
flanquée de deux campaniles; l'ombre et le clair
jouaient sur ces vagues de maisons interrompues de
loin en loin par l'îlot verdâtre d'un parc ou d'un
square avec une grandeur et une majesté dignes de
l'Océan; mais Volmerange, quoique ses yeux immobiles parussent contempler ce panorama merveilleux
avec la plus grande attention, ne voyait absolument
rien : l'ombre pâle d'Edith lui interceptait tout ce
spectacle.

Sa fureur était tombée, et il se trouvait dans un tel
état de prostration, qu'un enfant eût eu raison de lui
en ce moment-là; toute sa vitalité avait été épuisée
dans cette projection immense; il s'était vidé dans
son crime. Il essaya de se lever, mais ses genoux se
dérobaient sous lui, un nuage s'abaissa sur ses yeux;
ses tempes se couvrirent d'une sueur froide; il retomba au pied de son arbre.

Au même instant passait sur la route un homme
d'une apparence honnête et d'une mise simple, mais
qui n'excluait pas la confortabilité, une de ces figures
que l'on verrait mille fois sans les reconnaître, tant

elles savent porter habilement le masque et le domino de la foule.

L'homme s'approcha de Volmerange, qui, excédé d'émotion et de fatigue, glacé par l'air de la nuit, était près de s'évanouir.

— Qu'avez-vous, monsieur ? lui dit le passant d'un air d'intérêt. Vous êtes bien pâle et paraissez souffrir.

— Oh ! rien, une faiblesse, un étourdissement passager, répondit le comte d'une voix presque éteinte.

— Je bénis l'heureux hasard qui m'a fait passer par ici ; je suis médecin, et je rendais visite à une de mes pratiques de Primerose-Hill ; j'ai ici de quoi vous réconforter, dit l'homme en tirant de sa poche un petit portefeuille assez semblable à la trousse des chirurgiens, et dont il sortit un flacon qui paraissait contenir des sels.

— En effet, je ne me sens pas bien, murmura Volmerange en laissant tomber sa tête.

L'officieux passant déboucha le flacon, d'où s'exhala une odeur pénétrante, et le mit sous le nez du malade. Mais la substance qu'il renfermait ne produisit pas l'effet qu'on en eût dû attendre ; au lieu de sortir de son évanouissement, Volmerange semblait s'y plonger plus avant, et les efforts qu'il avait faits pour aspirer l'odeur excitante paraissaient avoir épuisé le peu de forces qui lui restaient.

Le passant, qui s'était intitulé médecin, bien qu'il vît la pâmoison du malade se prolonger, continuait à lui tenir sous les narines le flacon qu'il eût dû retirer, voyant son effet inutile.

A la syncope paraissait avoir succédé la léthargie. Volmerange, les bras flottants, le tronc affaissé, la tête vacillante d'une épaule à l'autre, n'était plus qu'une statue inerte.

— Précieuse invention ! murmura le bizarre médecin, très-satisfait du singulier résultat de son assistance. Le voilà dans un état convenable; il ne sait plus s'il est au ciel, sur terre ou en enfer ; on peut le prendre et l'emporter sans qu'il s'en aperçoive plus qu'un ballot ou un mort de huit jours. Il irait en Chine comme cela. Mais avisons s'il passe quelque voiture où je puisse le loger.

Et il s'élança au milieu de la route, comme pour voir de plus loin.

Il n'eut pas besoin de rester longtemps à son poste d'observation. Une voiture de place se dirigeant vers

Londres d'un train inconnu aux cochers de fiacre continentaux apparut avec un rayonnement et un tonnerre de roues à l'horizon du chemin.

Le prétendu médecin fit signe au cocher. La voiture était vide, et l'automédon fit approcher son char du tertre où gisait Volmerange.

— Aidez-moi, dit le faux médecin, à mettre ce gentilhomme dans votre voiture ; il a trop bu à souper de vins d'Espagne et de France, et il s'est endormi sous cet arbre dans sa petite promenade matinale. Je le connais et vais le conduire chez lui.

Le cocher aida le passant à loger Volmerange dans le cab sans faire la moindre observation, car le fait d'un gentilhomme ivre n'est pas assez rare pour étonner. Seulement, le cocher, en remontant sur son siége, soupira mélancoliquement en lui-même à cette réflexion :

— Est-il heureux ce lord, d'être gris de si bonne heure!

Cet axiome formulé, il lança son cheval dans la direction indiquée par l'homme qui lui avait désigné une maison située le long d'un de ces *roads* qui succèdent aux rues sur les confins de Londres.

Au bout de quelques minutes, la voiture s'arrêta devant un mur dans lequel était coupée une petite porte verte dont le bouton de cuivre reluisait comme l'or. Des arbres à moitié effeuillés, qui dépassaient le chaperon de la muraille, indiquaient qu'un jardin assez vaste séparait la maison de la rue.

L'homme qui avait administré à M. de Volmerange le cordial à l'effet stupéfiant tira le bouton et sonna plusieurs fois, séparant ses coups par des intervalles qui paraissaient avoir une signification réglée d'avance.

Un domestique vint ouvrir ; l'homme lui dit deux mots à l'oreille ; le domestique rentra dans la maison, et bientôt reparut suivi de deux compagnons à teint olivâtre et à figure bizarre, qui prirent Volmerange et l'emportèrent dans un pavillon de forme ronde, formant au coin du corps de logis une de ces tourelles assez fréquentes dans l'architecture anglaise.

Le cocher, largement payé, s'en alla, trouvant l'aventure toute simple : il avait dans la nuit reporté chez eux ou ailleurs quatre ducs ou marquis dans un état pour le moins aussi problématique que celui de Volmerange.

L'homme au flacon, ayant achevé sa mission, se retira aussi, après avoir écrit sur un carré de papier, qu'il déchira de son portefeuille, quelques mots moitié en chiffres, moitié en caractères d'une langue inconnue, qu'il remit au domestique qui était venu ouvrir.

La maison dans laquelle on avait apporté Volmerange avait un aspect d'élégance et de richesse qui excluait toute idée de vol et de guet-apens. Une veranda blanche et rose jetait son ombre découpée sur un perron de marbre blanc; des glaces sans tain, et d'une seule pièce, posées au-dessus des cheminées, laissaient transparaître d'énormes vases de la Chine remplis de fleurs. La cage de cristal d'une serre immense dans laquelle le salon paraissait se continuer, tenait sous cloche une vraie forêt vierge; les lataniers, les bambous, les tulipiers, les jamroses, les lianes, les passiflores, les pamplemousses, les raquettes s'y épanouissaient avec une violence toute tropicale, brandissant les dards, les coutelas, les griffes de leurs feuillages monstrueux et féroces, faisant éclater leurs calices comme des bombes de parfums et de couleurs, et palpiter les pétales de leurs fleurs comme les ailes des papillons de Cachemyr.

Les deux laquais basanés déposèrent sur un divan Volmerange toujours endormi, et se retirèrent en silence, n'ayant pas l'air autrement surpris de l'arrivée de ce personnage, que sans doute ils voyaient pour la première fois.

Il y avait déjà quelques minutes qu'il reposait, toujours sous l'influence du narcotique, et personne ne paraissait.

La pièce où il avait été déposé offrait, dans son ameublement d'une simplicité élégante, quelques particularités qui eussent pu guider les suppositions de l'observateur; une fine natte indienne recouvrait le plancher, et sur la cheminée se contournait une idole de la Trimourti mystique représentant Brahma, Wishnou et Shiva; un bouclier de peau d'éléphant, un sabre courbe, un crid malais et deux javelines formaient trophée le long de la muraille. Ces détails caractéristiques, et moins bizarres à Londres que partout ailleurs, semblaient indiquer la demeure d'un nabab enrichi à Calcutta ou d'un civilien haut employé de la Compagnie des Indes.

Bientôt une portière de brocart se souleva et donna passage à une figure étrange : c'était un vieillard de haute taille, un peu courbé, qui s'avançait en s'appuyant sur un bâton aussi blanc que l'ivoire ; sa face maigre, desséchée et comme momifiée, avait la teinte du cuir de Cordoue ou du tabac de la Havane ; de larges orbites de bistre cerclaient ses yeux creux et brillants comme des yeux d'animal, et dont l'âge n'avait pas amorti une seule étincelle ; son nez, courbé en bec d'aigle, était presque ossifié, et ses cartilages endurcis luisaient comme un os ; ses joues caves, sillonnées de rides profondes, adhéraient aux mâchoires, et ses lèvres bridaient sur des dents que l'usage du bétel avait rendues jaunes comme de l'or ; les jointures des mains, presque pareilles à celles des orangs-outangs, se plissaient transversalement comme le cou-de-pied des bottes à la hussarde.

Une petite perruque rousse, de celles dites de chiendent, recouvrait cette tête hâlée, brûlée et comme calcinée par le soleil, couvant les passions et le feu dévorant d'une idée fixe ; sous le bord de cette perruque scintillaient deux anneaux d'or mordant le lobe d'une oreille semblable à un bout de vieux cuir.

A voir ce spectre jaune, plissé, feuilleté comme un livre, si sec, que ses jointures craquaient en marchant, comme celles des genoux de don Pèdre, on l'aurait cru, non pas centenaire, mais millénaire. Il accusait un nombre d'années fabuleux, et pourtant ses prunelles, seuls points vivants dans sa face morte, étincelaient de jeunesse. Toute la vigueur de ce corps anéanti, et conservé sur terre par une volonté puissante, s'y était réfugiée.

Si Volmerange eût pu secouer l'invincible torpeur qui l'accablait et le retenait dans un sommeil hébété, il eût frémi en voyant cet être fantastique glisser vers lui avec une allure de fantôme, et il se serait cru en proie aux épouvantements du cauchemar : malgré son large habit noir, sa culotte et ses bas de soie que n'eût pas désavoués un ministre prêt à monter en chaire, costume tout à fait contraire à l'emploi d'apparition, le vieillard semblait arriver directement de l'autre monde.

Aucun sentiment de malveillance ne paraissait cependant l'animer, et il se dirigea du côté du divan d'un air aussi visiblement satisfait que le permettaient son teint de pharaon empaillé et les milliers de rides que dessinait son sourire dans sa figure antédiluvienne.

Il tenait encore à la main le papier sur lequel l'homme, en remettant Volmerange au domestique, avait griffonné quelques lignes en signes mystérieux, et le contenu sans doute était de nature à lui être agréable, car, en le relisant une dernière fois avant de le jeter au feu, il dit à demi-voix :

—Vraiment, ce garçon est très-intelligent; il faudra que j'avise à récompenser son zèle.

Cela dit, il s'assit près de Volmerange, attendant que l'effet du narcotique se dissipât; mais, voyant que le jeune comte ne s'éveillait pas encore, il appela ses laquais basanés et le fit déposer sur un lit de repos dans une salle voisine.

Cette salle, ornée et meublée avec une extrême magnificence, rappelait les fabuleuses splendeurs des contes orientaux. Aucun palais d'Haïderabad ou de Bénarès n'en contenait assurément un plus riche et plus splendide.

De légères colonnes de marbre blanc, entourées d'un cep de vigne, dont les feuilles étaient figurées par des semences d'émeraudes et les grappes par des grenats, soutenaient un plafond fouillé, ciselé, découpé, écartelé de mille caissons pleins de fleurs, d'étoiles, d'ornements fantastiques et touffus comme la voûte d'une forêt.

Sur les murailles courait une frise contenant les principaux mystères de la théogonie indienne : on y voyait taillé tout un monde de dieux à trompe d'éléphant, à bras de polype, tenant à la main des lotus, des sceptres, des fléaux; des monstres, moitié hommes, moitié animaux, aux membres feuillus et contournés en arabesques, symboles mystérieux de profondes pensées cosmogoniques. Malgré leur roideur hiératique et la naïveté enfantine de leur exécution, ces sculptures avaient une vie étrange, les complications de leurs enlacements les faisaient fourmiller à l'œil, et leur donnaient comme une espèce de mouvement immobile.

De larges portières de damas broché d'or tombaient à plis puissants, et remplissaient l'interstice des colonnes.

Un tapis, que ses dessins compliqués et ses palmettes de mille couleurs faisaient ressembler à un châle de cachemire tissu pour les épaules d'une géante, couvrait le plancher de sa moelleuse épaisseur.

Autour de la salle régnait un divan bas, couvert

d'une de ces étoffes merveilleuses où l'Inde semble attacher avec de la soie les nuances brillantes de son ciel et de ses fleurs.

Un jour doux et laiteux, tamisé par des vitres dépolies, versait à ces magnificences asiatiques des lueurs vagues, estompées encore par un imperceptible nuage de fumée bleuâtre provenant des parfums brûlés sur les cassolettes aux quatre coins de la salle, et donnait à cette salle, déjà surprenante par elle-même, un aspect tout à fait féerique. Derrière cette gaze vaporeuse, les ors, les grenats, les cristaux, les saillies des sculptures, avaient des phosphorescences et des illuminations subites de l'effet le plus bizarre. Un morceau de bas-relief frisé par la lumière semblait se mettre en marche, une colonne pivoter sur elle-même et se tordre en spirale, et, soit que les aromes des fleurs exotiques, jaillissant des grands vases, eussent un effet vertigineux, soit que les parfums des cassolettes continssent quelques-unes de ces préparations enivrantes dont l'Inde a l'habitude et le secret, au bout de quelques minutes tout prenait, dans cette salle fouillée en pagode, la physionomie indécise et changeante des objets entrevus dans le rêve.

Le personnage bizarre dont nous avons tout à l'heure esquissé les traits venait de reparaître après une courte absence, mais il était débarrassé de ses habits noirs et de sa défroque européenne ; un turban artistement roulé avait remplacé sur son crâne rasé la perruque de chiendent ; deux lignes blanches faites avec la poussière consacrée rayaient son front fauve ; un anneau de brillants scintillait suspendu à sa cloison nasale ; une robe de mousseline descendait de ses épaules à ses pieds avec des plis droits auxquels le corps qu'ils recouvraient n'imprimait pas la moindre inflexion, tant était grande la maigreur du vieillard.

Cette tête cuivrée entre ce gros turban et cette longue robe blanche produisait le contraste le plus étrange. Ces deux blancheurs avaient rendu à ce masque bistré son obscurité indienne.

On eût dit un dévot sortant de la caverne d'Elephanta ou de la pagode de Jaggernaut, pour la solennité de la promenade du char aux roues sanglantes.

Il se tenait debout à côté du lit de repos, épiant le moment où, la force de la drogue soporifique n'agissant plus, Volmerange se réveillerait de son assoupissement.

Déjà celui-ci avait à demi soulevé ses paupières, et, à travers l'interstice de ses cils, aperçu vaguement les colonnes aériennes, le plafond vertigineux de la salle, et le vieil Indien planté près de lui comme un fantôme, le regardant avec ces yeux obstinés dont vous poursuivent les personnages des rêves; mais il n'avait pas pris ce qu'il voyait pour un retour à la vie réelle, et il se croyait encore errant dans les chimériques pays du sommeil. S'être évanoui au pied d'un arbre sur la colline de Primerose-Hill, et revenir à soi sur un divan de cachemire, dans une salle du palais d'Aureng-Zeb, au fin fond de l'Inde, à trois mille lieues de l'endroit où l'on a perdu connaissance, il y aurait eu de quoi étonner un cerveau moins ébranlé que celui de Volmerange. Il restait donc immobile, ne sachant s'il veillait ou s'il dormait, et cherchant à renouer le fil rompu de ses idées. Enfin, se décidant à ouvrir complétement les yeux, il promena autour de lui son regard étonné et ne put pas, cette fois, se refuser à l'évidence.

L'endroit où il se trouvait, quoique très-fantastique, n'appartenait en rien à l'architecture du rêve : c'était par la main des hommes et non par celle des esprits qui peuplent le sommeil de merveilles impalpables, que ces colonnes avaient été cannelées, ces plafonds peints, ces bas-reliefs fouillés. Il ne reposait pas sur un banc de nuages, mais sur un lit authentique. Il voyait bien là-bas une énorme pivoine de la Chine épanouir sa touffe écarlate, dans un pot de porcelaine du Japon. Les parfums chatouillaient son nerf olfactif d'un arome bien réel. La figure de l'Indien, quoique digne des pinceaux de la fantaisie nocturne, présentait des ombres et des clairs parfaitement appréciables, et se modelait d'une façon toute positive. Il n'y avait pas moyen de douter.

Se soulevant sur le coude, Volmerange adressa au long fantôme blanc la question classique en pareil cas, et dit comme un héros de tragédie, sortant de son égarement :

— Où suis-je?

— Dans un lieu où vous êtes le maître, répondit l'Indien en s'inclinant avec respect.

A ce moment, un frisson de clochettes se fit entendre derrière un rideau ; les anneaux grincèrent sur leurs tringles, et un troisième personnage pénétra dans la salle.

XIII

Une jeune fille, d'une beauté inouïe et revêtue d'un riche costume indien, fit son apparition dans la chambre; apparition est le mot, car on l'eût plutôt prise pour une *apsara* descendue de la cour d'Indra que pour une simple mortelle.

Son teint, singulier dans nos idées européennes, avait l'éclat de l'or; cette nuance ambrée, semblable à celle que le temps a donnée aux chairs peintes par Titien, n'empêchait pas, pourtant, les roses de la fraîcheur de s'épanouir sur les joues de la jeune fille; ses yeux, coupés en amande et surmontés de sourcils si nets qu'on eût pu les croire tracés à l'encre de

Chine, s'allongeaient vers les tempes, agrandis par une ligne de surmé partie des paupières frangées d'un rideau de cils bleus; les deux prunelles de ces yeux semblaient deux étoiles noires sur un ciel d'argent. Le nez mince, finement coupé, aux narines avivées de rose, portait à sa racine un léger tatouage fait avec la teinture de gorotchana, et, à sa cloison, un anneau d'or étoilé de diamants, qui laissait scintiller à travers son cercle des perles d'un orient parfait, serties dans un sourire vermeil comme le fruit du jujubier. Ces diamants et ces perles, confondant leurs éclairs, donnaient à ce teint un peu fauve la lumière dont il eût peut-être manqué sans cela. Les joues lisses, onctueuses comme l'ivoire, s'unissaient au menton par des lignes d'une netteté idéale. Le roi Douchmanta lui-même, ce Raphaël indien, n'aurait pu reproduire avec son gracieux pinceau toute la finesse de ces contours. Derrière les oreilles, petites et bordées d'un ourlet de nacre comme un coquillage de Ceylan, un tendre rameau de siricha, attaché à un nœud de filigrane, laissait pendre avec grâce sur la joue délicate de la jeune fille la houppe soyeuse et parfumée de ses fleurs. Ses cheveux, dont la raie était marquée par une ligne de carmin, se divisaient en bandeaux pour se réunir sur la nuque en tresses mêlées de fils d'or; des plaques de pierreries ressortaient sur ce fond d'un noir bleuâtre.

Sa gorge, contenue dans une étroite brassière de soie cramoisie surchargée de tant d'ornements, que l'étoffe disparaissait presque, était séparée par un nœud formé de filaments de lotus, qui brillaient comme des fils d'argent ou des rayons de lune tissés. Ses bras fins, arrondis, flexibles comme des lianes, étaient serrés près de l'épaule par des bracelets en forme de serpents pareils à ceux du dieu Mahadeva, et au poignet par un quintuple rang de perles. Ses mains, d'une petitesse enfantine, avaient la paume et les ongles teints en rouge, et des anneaux de brillants scintillaient à leurs phalanges; un cercle d'or constellé d'améthystes et de grenats emprisonnait sa taille souple, nue du corset à la hanche, suivant la mode orientale, et fixait les plis d'un pantalon d'étoffe bariolée qui, arrêté aux chevilles, laissait voir, jaillissant d'un amas de bracelets de perles et de cercles d'or ornés de petites clochettes, deux pieds mignons aux talons polis, aux doigts chargés de bagues et colorés en rose par le henné, comme les joues d'une vierge qui rougit de pudeur. Une écharpe nuancée d'autant de couleurs que l'arc-en-ciel ou la queue du paon qui sert de monture à Saravasti, et dont les bouts passaient sous la ceinture d'or, jouait à plis caressants autour de ce corps onduleux et mince comme une tige de palmier. Sur la poitrine ruisselait, avec un frisson métallique, une cascade de colliers, perles de toutes couleurs, chaînons bruissants, boules dorées, fleurs de lotus réunies en chapelet, tout ce que la coquetterie indienne peut inventer de splendide et de suave ; des marques mystérieuses faites avec la poudre de santal se dessinaient vaguement à la base du cou parmi cet éclat phosphorescent, et, pour que rien ne manquât à la localité du costume, la jeune fille exhalait autour d'elle un faible et délicieux parfum d'ousira.

Ni Parvati, la femme de Mahadeva, ni Misrakesi, ni Menaca n'égalaient en beauté la jeune Indienne, qui s'avança vers Volmerange, pétrifié de surprise, en faisant bruire dans sa marche ses colliers, ses bracelets et les clochettes de ses chevilles.

La poésie mystérieuse de l'Inde semblait personnifiée dans cette belle fille, éclatante et sombre, délicate et sauvage, luxueuse et nue, faisant appel à toutes les idées et à tous les sens; aux idées par ses tatouages et ses ornements symboliques; aux sens, par sa beauté, son éclat et son parfum; l'or, les diamants, les perles, les fleurs faisaient d'elle un foyer de rayons dont les moins vifs n'étaient pas ceux de ses prunelles.

Elle vint ainsi jusqu'au divan avec des ondulations alanguies pleines d'une chaste volupté, appuyant un peu le talon comme Sacountala sur le sable du sentier fleuri, et, quand elle fut parvenue en face de Volmerange, elle s'agenouilla et se tint dans la même attitude de contemplation respectueuse que Laksmi admirant Wishnou couché dans sa feuille de lotus, et flottant sur l'infini, à l'ombre de son dais de serpents.

Malgré toutes les raisons qu'il avait de se croire éveillé, Volmerange dut penser qu'il était le jouet de quelque hallucination prodigieuse. Il y avait si peu de rapport entre les événements de la nuit et ce qui se passait, qu'on eût pu s'imaginer à moins avoir la cervelle dérangée, et cependant rien n'était plus réel que l'être charmant incliné à ses pieds.

Cette scène faisait à Volmerange une impression profonde. Sa mère était Indienne et d'une de ces races

royales dépossédées par les conquêtes des Anglais.
Les gouttes de sang asiatique qui coulaient dans ses
veines, mêlées au sang glacé du Nord, semblaient en
ce moment couler plus rapides et entraîner dans leur
cours la portion européenne. Ses souvenirs d'enfance
revenaient en foule : il voyait comme dans un mirage
s'élever à l'horizon les cimes neigeuses de l'Himalaya,
les pagodes arrondir leurs dômes, l'asoca épanouir
ses fleurs orangées, et le Malini bercer dans ses eaux
bleues des couples de cygnes en amour. Toute la
poésie du passé renaissait dans cette rétrospection
évocatrice.

L'architecture de la salle, les parfums de la ma-
dhavi, le costume du vieil Indou, l'éclat éblouissant de
la jeune fille, éveillaient en lui des réminiscences endormies : la figure même de la belle créature affaissée
à ses genoux dans une attitude d'adoration amoureuse
ne lui était pas complétement inconnue, quoiqu'il fût
sûr de la voir pour la première fois. Où s'étaient-ils
rencontrés? dans le monde des rêves, ou dans quelque
incarnation antérieure? C'est ce qu'il n'aurait su dire.
Pourtant un essaim confus de pensées bourdonnait
autour de sa tête, et il lui semblait avoir vécu long-

temps avec celle qu'il regardait depuis quelques minutes à peine.

Le vieux fantôme à figure jaune et à robe blanche paraissait avoir compté sur cet effet, et il fixait avec une persistance étrange ses yeux flamboyants sur Volmerange, pour suivre ses mouvements intérieurs.

Apparemment, le comte ne manifesta pas assez vite ses émotions au gré de Dakcha (c'est ainsi que se nommait l'Indien), car il fit signe à la jeune fille de prendre la parole.

— Cher seigneur, dit celle-ci, dans cet idiome indostani plein de voyelles et doux comme de la musique, ne vous souvient-il plus de Priyamvada?

Les sons de cette langue qu'il avait parlée aux Indes dès son enfance et qu'il avait négligée depuis qu'il habitait l'Europe ne présentèrent d'abord à ses oreilles qu'un murmure mélodieusement rhythmé, et il lui fallut un peu de temps pour en saisir le sens : il avait compris l'air avant les paroles.

— Priyamvada? dit-il lentement et comme pour se donner le temps de se ressouvenir, Priyamvada?... celle dont le langage a la douceur du miel?... Non, je ne me la rappelle pas.. Pourtant, il me semble... Oui, c'est cela ; j'ai connu une enfant, une petite fille.

— Dix ans écoulés ont fait une jeune fille de l'enfant née de la sœur de votre mère.

— Ah! c'est toi à qui je donnais pour jouer de petits éléphants d'ivoire, des tigres de bois sculpté et des paons de terre cuite peints de mille couleurs. Priyamvada, ma cousine au teint doré, j'avais un peu oublié cette parenté sauvage.

— Je ne l'ai pas oubliée, moi, et j'honore en vous le dernier de cette race de rois qui ont eu des dieux pour ancêtres et se sont assis sur les nuages avant de s'asseoir sur des trônes...

— Quoique votre père fût Européen, dit Dakcha, une seule goutte de ce sang divin transmise par votre mère vous fait le fils de ces dynasties qui vivaient et florissaient des siècles avant que votre froide Europe fût sortie du chaos ou émergée des eaux diluviales.

— Vous êtes l'espoir de tout un peuple, ajouta Priyamvada de sa voix musicale et caressante, avec un accent d'indicible flatterie.

— Moi, l'espoir de tout un peuple ? Quelle étrange folie ! répliqua Volmerange.

— Oui, Priyamvada a dit la vérité, reprit Dakcha en s'inclinant et en croisant sur sa poitrine osseuse ses mains décharnées et noires comme les pattes d'un singe; vous êtes désigné par le ciel à de grands destins. Touché des souffrances de mon pays, je me suis voué, pendant trente ans, aux plus effroyables austérités pour obtenir sa grâce des dieux ; né riche, j'ai vécu comme le plus pauvre paria ; j'ai traité si durement ce misérable corps, qu'il ressemble à ces momies desséchées depuis quarante siècles dans les syringes de l'Égypte ; car j'ai voulu détruire cette chair infirme pour que l'âme dégagée pût remonter à la source des choses et lire dans la pensée des dieux. Oh ! j'ai bien souffert, continua-t-il avec une exaltation croissante; et le don de voir, je l'ai chèrement payé. La pluie a fait ruisseler ses torrents glacés et le soleil ses torrents de feu sur mon corps immobile, dans la position la plus gênante. Mes ongles ont, en poussant, percé mes mains fermées; brûlant de soif, exténué de faim, hideux, souillé de poussière, n'ayant plus rien d'humain, je suis resté là, bien des étés, bien des hivers, objet d'épouvante et de pitié ; les termites bâtissaient leur cité à côté de moi; les oiseaux du ciel faisaient leur nid dans mes cheveux hérissés en broussaille ; les hippopotames cuirassés de fange venaient se frotter à moi comme à un tronc d'arbre ; le tigre aiguisait ses griffes sur mes côtes, me prenant pour une roche ; les enfants cherchaient à m'arracher les yeux en les voyant luire comme des morceaux de cristal dans ce tas de fange inerte. Le tonnerre m'est tombé une fois dessus, sans pouvoir interrompre mes prières. Aussi Brahma, Wishnou et Shiva ont-ils pris ma pénitence en considération, et la vénérable Trimurti, lorsque, mon temps achevé, je suis allé la consulter dans les cavernes d'Elephanta, a-t-elle daigné me dire trois fois, par les bouches de sa triple tête, le nom du sauveur prédestiné.

En tenant cet étrange discours, Dakcha semblait s'être transfiguré ; sa taille voûtée s'était redressée, ses yeux étincelaient d'enthousiasme, une lumière éclairait sa face brune ; ses rides avaient presque disparu, et la jeunesse de l'âme, amenée à la surface, voilait momentanément la décrépitude du corps.

Volmerange, surpris, l'écoutait avec une sorte d'effroi respectueux, et Priyamvada, saisie d'admiration, prit le bord de la robe du saint homme et la baisa religieusement : pour elle, Dakcha était un *gourou*, un être divin. Quand elle se releva, ses yeux étaient remplis de larmes, comme deux calices de lotus emperlés par la rosée matinale.

Ce groupe était d'un effet charmant. Cette jeune créature, aux mouvements gracieux, aux formes arrondies, aux vêtements somptueux, formait un contraste comme cherché à plaisir avec ce vieillard sec, anguleux et fauve; on eût dit la personnification de la poésie à côté de la personnification du fanatisme.

Cette scène étrange avait distrait le comte des événements de la nuit; tout ce qui s'était passé dans la chambre nuptiale et sur le pont de Blackfriars lui produisait l'effet d'un cauchemar fiévreux chassé par les douces clartés du matin; il se demandait si lui, Volmerange, s'était bien réellement marié la veille et avait jeté sa femme coupable dans la Tamise. Cet avertissement, ces lettres, cet écroulement de son bonheur, cette catastrophe horrible, le laissaient presque incrédule, et il restait là, rêveur, à regarder Dakcha et Priyamvada.

Dakcha, revenu de son exaltation, rentrait peu à peu dans la vie réelle et perdait son air inspiré; ce n'était plus que le vieillard parcheminé dont nous avons tracé plus haut le portrait. Le prophète avait disparu ; il ne restait plus que l'homme, et l'homme dit au comte avec un sourire obséquieux :

— Maintenant que Votre Seigneurie sait qu'elle est chez le mouni Dakcha, de la secte des brahmanes, je puis me retirer. Des ablutions à faire, pour me purifier des souillures qu'un saint même ne peut éviter dans ces villes infidèles, m'obligent à rentrer dans ma chambre orientée. Priyamvada restera avec vous, et son entretien vous sera plus agréable sans doute que celui d'un vieux brahme épuisé par la pénitence.

Après avoir dit ces mots, Dakcha laissa retomber l'épaisse portière dont il avait soulevé le pli, et disparut.

Priyamvada, se groupant aux pieds de Volmerange avec la grâce d'une gazelle familière, lui prit la main, et, levant vers lui ses yeux brillants sous leurs lignes de surmeh, lui dit d'une voix pleine de roucoulements mélodieux :

— Qu'a donc mon gracieux seigneur? il semble triste et préoccupé; ne serait-il pas heureux?

Un soupir fut la seule réponse de Volmerange.

— Oh! personne n'est heureux, continua Priyamvada, dans ce climat maudit, sur cette terre ingrate où les fleurs ne peuvent éclore qu'emprisonnées sous verre avec un poêle pour soleil, où les femmes sont pâles comme la neige sur le sommet des montagnes et ne savent pas aimer.

Cette phrase, qui ravivait les blessures de Volmerange, lui fit faire un soubresaut douloureux ; ses yeux étincelèrent.

La jeune Indienne, saisissant au vol cet éclair de colère, comprit qu'elle avait touché juste, et reprit de sa voix la plus douce :

— Une femme d'Europe aurait-elle causé quelque chagrin au descendant des rois de la dynastie lunaire ?

Volmerange ne répondit pas, mais un profond sanglot souleva sa poitrine.

Fondant sa voix dans une intonation plus moelleuse encore, Priyamvada continua son interrogatoire :

— Est-il possible que mon seigneur, dont la beauté éclatante surpasse celle de Chandra lorsqu'il parcourt le ciel sur son char d'argent, n'a pas été aimé aussitôt qu'il a daigné abaisser son regard sur une simple jeune fille, lui que les apsaras seraient heureuses de servir à genoux?

En prononçant cette phrase, la jeune Indienne avait noué ses bras autour du corps de Volmerange comme une jolie mâlicâ en fleur qui s'élance au tronc d'un amra; son charmant visage, rapproché de celui du comte, semblait dire, par l'éclair mouillé des yeux et la grâce compatissante du sourire, combien son beau cousin d'Europe eût été avec elle à l'abri d'un semblable malheur.

Pour toute réponse, Volmerange pencha sa tête sur l'épaule de Priyamvada, qui bientôt la sentit trempée de larmes.

— Eh quoi ! dit Priyamvada en essuyant d'un chaste baiser les larmes aux paupières de Volmerange, une de ces capricieuses femmes du Nord, plus changeantes que les reflets de l'opale ou la peau du caméléon, aurait-elle trompé le gracieux seigneur, comme s'il pouvait avoir son égal dans la nature, car un homme de la race des dieux ne pleure que pour une trahison?

— Oui, Priyamvada, j'ai été trahi, indignement

trahi ! s'écria Volmerange, ne pouvant plus contenir ce secret fatal.

— Et j'espère, répondit Priyamvada du ton le plus tranquille, le plus musical, que mon cher seigneur a tué la coupable ?

— La Tamise a caché et puni sa faute.

C'est un châtiment bien doux ; dans mon pays, le pied de l'éléphant se fût posé sur cette poitrine menteuse et y eût lentement écrasé le cœur de la perfide ; ou bien le tigre eût déchiré comme un voile de gaze ce corps souillé d'un autre amour, à moins que le maître n'eût préféré enfermer la criminelle dans un sac avec un nid de cobras-capellos. Que ce souvenir s'efface de votre esprit comme un petit nuage balayé du ciel, comme un flocon d'écume qui se fond dans l'Océan ; oubliez l'Europe et venez dans l'Inde, où les adorations vous attendent. Là, sous un climat de feu, on respire des brises chargées d'enivrants parfums ; les fleurs géantes ouvrent leurs calices comme des urnes ; le lotus s'étale langoureusement sur les tirthas consacrés ; dans les forêts et dans les prés croissent les cinq fleurs dont Cama, le dieu de l'amour, arme les pointes de ses flèches ; le tchampaca, l'amra, le kesara, le ketaca et le bilva, qui toutes allument au cœur un feu différent, mais d'une ardeur égale; les chants plaintifs des cokilas et des tchavatracas se répondent d'une rive à l'autre; là, un regard attache pour la vie; là, une femme aime au delà du trépas, et sa flamme ne peut s'éteindre que dans les cendres du bûcher : c'est là qu'il faut vaincre, c'est là qu'il faut mourir pour un unique amour. Oh! viens là-bas, cher maître, et, dans les bras et sur le cœur de Priyamvada, s'évanouira bientôt, comme le songe d'une nuit d'hiver, ce long cauchemar septentrional que tu as cru être la vie!

L'Indienne, se croyant déjà sans doute revenue dans sa patrie, attirait Volmerange sur son sein, où frémissaient les colliers d'or, où les perles s'entre-choquaient soulevées par sa respiration saccadée. Ainsi enveloppé, enlacé par les caresses hardiment virginales de cet être aux passions naïves et chastes comme la nature aux premiers jours de la création, Volmerange éprouvait un trouble profond et sentait des vagues de flamme lui passer sur le visage; son bras, sans qu'il en eût la conscience, se ferma de lui-même sur la taille cambrée de Priyamvada.

Un pli de la portière se dérangea un peu, et laissa scintiller les yeux métalliques du vieux brahme.

Volmerange et Priyamvada étaient trop occupés d'eux-mêmes pour y faire attention.

— Bien ! se dit Dakcha en contemplant le spectacle, il paraît que l'Europe et l'Inde se réconcilient, et que Priyamvada et Volmerange veulent s'unir selon le mode gandharva, un mode très-respectable que Manou admet parmi ses lois. Rien ne pouvait mieux servir mes projets.

Et il se retira aussi doucement que possible.

— Viendrez-vous avec moi dans le Pendjâb ? dit Priyamvada au comte, dont les lèvres venaient d'effleurer son front.

— Oui ; mais il me reste un coupable à punir, répondit Volmerange d'un ton où tremblait la fureur.

— C'est juste, répliqua la jeune fille ; mais permettez à votre esclave de s'étonner qu'un homme qui vous a offensé ne soit pas encore anéanti par votre vengeance.

— Je ne le connais pas ; j'ai eu la preuve du crime et j'ignore le criminel. Un art infernal a ourdi cette trame. Aucun indice, aucune trace ne peut me guider.

— Écoutez-moi, dit Priyamvada pensive ; vous autres Européens, qui vous fiez à vos sciences factices inventées d'hier, vous ne vivez plus dans le commerce de la nature, vous avez brisé les liens qui rattachent l'homme aux puissances occultes de la création. L'Inde est le pays des traditions et des mystères, et l'on y sait encore plus d'un vieux secret autrefois communiqué par les dieux qui confondrait d'étonnement vos sages incrédules. Priyamvada n'est qu'une simple jeune fille que les orgueilleuses ladies traiteraient comme une sauvage bonne à égayer une soirée ; mais j'ai entendu plus d'une fois les brahmes, assis sur une peau de gazelle entre les quatre réchauds mystiques, parler de ce qui pouvait et de ce qui ne se pouvait pas. Eh bien, je vais vous faire découvrir le coupable, fût-il caché à l'autre bout de la terre.

XIV

Priyamvada se leva et alla prendre dans un coin de la salle une petite table de laque de Chine qu'elle apporta devant Volmerange, qui suivait tous ses mouvements avec une curiosité inquiète.

Une fleur de lotus rose, fraîchement épanouie, trempait sa queue dans une coupe de cristal pleine d'eau. Priyamvada prit la fleur et vida la coupe sur la terre d'un vase du Japon ; puis elle la posa sur la table après l'avoir remplie d'une eau nouvellement puisée dans une buire curieusement ciselée et fermée avec soin.

— Ceci, dit la jeune Indienne, est l'eau mystérieuse qui est descendue du ciel sur la montagne Chimavontam, et coule du mufle de la vache sacrée conduite dans ses détours par le pieux Bagireta; c'est l'eau sainte du fleuve qu'on appelait autrefois Chlialoros, et que maintenant on nomme le Gange. Je l'ai recueillie en me penchant de l'escalier de marbre de la pagode de Bénarès et avec les formalités voulues; elle a donc toutes ses vertus divines, et le succès de notre expérience est infaillible.

Le comte écoutait Priyamvada de toute son attention sans se rendre compte de ce qu'elle voulait faire.

Elle ouvrit différentes boîtes d'où elle tira des poudres qu'elle disposa sur des brûle-parfums de porcelaine aux quatre coins de la table; de légers nuages bleuâtres commencèrent à s'élever en spirale et à répandre une odeur pénétrante.

— Maintenant, dit Priyamvada à Volmerange, penchez votre visage sur cette coupe et plongez votre regard dans l'eau qu'elle contient avec toute la fixité dont vous serez capable, pendant que je vais prononcer les paroles magiques et faire l'appel aux puissances mystérieuses.

Rien ne ressemblait moins aux sorcelleries ordinaires que cette scène; point de caverne, point de taudis, point de crapaud familier, pas de chat noir, pas de grimoire graisseux : une salle vaste et splendide, une coupe d'eau claire, des parfums et une jeune fille charmante; il n'y avait là rien de bien effrayant, et pourtant ce ne fut pas sans un certain battement de cœur que Volmerange s'inclina sur la coupe. L'inconnu alarme toujours un peu, sous quelque forme qu'il se présente.

Debout près de la table, Priyamvada récitait à demi-voix, et dans une langue inconnue à Volmerange, des formules d'incantation. La plus vive ferveur paraissait l'animer; ses yeux se levaient au plafond, et leurs prunelles, fuyant sous les paupières, ne laissaient plus voir que le blanc nacré du cristallin. Sa gorge se gonflait, soulevée par d'ardents soupirs, et le feu de la prière glissait des teintes pourprées sous l'ambre jaune de sa peau. Elle continua ainsi quelque temps, et, revenant à un idiome intelligible, elle dit, comme s'adressant à des êtres visibles seulement pour elle :

— Allons, le Rouge et le Doré, faites votre devoir.

Volmerange, qui, jusque-là s'était tenu penché sur

la coupe sans y découvrir autre chose que de l'eau claire, vit se répandre tout à coup dans sa limpidité un nuage laiteux, comme si une fumée montait du fond.

— Le nuage a-t-il paru? demanda la jeune Indienne.

— Oui; on dirait qu'un main invisible a répandu une essence dans cette eau qui a blanchi tout à coup.

— C'est la main de l'Esprit qui trouble l'eau, répondit Priyamvada du ton le plus simple.

Le comte ne put s'empêcher de relever la tête.

— Ne regardez pas hors de la table, s'écria Priyamvada d'un ton suppliant; vous rompriez le charme.

Docile à l'injonction de sa brune cousine, Volmerange inclina de nouveau le front.

— Que voyez-vous maintenant?

— Un cercle coloré se dessine au fond de la coupe.

— Rien qu'un seul?

— Oh! le voici qui se dédouble et brille nuancé de toutes les couleurs du prisme.

— Deux, ce n'est pas assez, il en faut trois : un pour Brahma, un pour Wishnou, un pour Shiva. Regardez bien attentivement ; je vais répéter l'incantation, dit Priyamvada en reprenant son attitude excentrique.

Le troisième cercle parut ; d'abord indécis et décoloré, pareil à ces ombres d'arc-en-ciel qui se projettent à côté du véritable ; bientôt il arrêta ses contours et s'inscrivit radieux et brillant à côté des deux autres.

— Il y a trois cercles à présent, s'écria le comte, qui, malgré son incrédulité européenne, ne pouvait s'empêcher d'être étonné de l'apparition de ces trois anneaux flamboyants, qu'aucune raison physique n'expliquait.

— Les anneaux y sont tous les trois, dit Priyamvada ; le cadre est prêt. Esprits, amenez celui qu'on veut voir. En quelque partie du monde et en quelque temps qu'il ait vécu, fût-ce avant Adam, qui est enterré dans l'île de Serendib, forcez-le à paraître et à se trahir lui-même, ombre s'il est mort, portrait s'il est vivant.

Ces paroles, dites du ton le plus solennel, firent pencher plus avidemment Volmerange sur la coupe. Devait-il croire à l'efficacité des incantations magiques de Priyamvada? Ses préjugés d'homme civilisé se révoltaient à cette idée, et cependant les effets déjà produits ne lui permettaient guère d'être incrédule. Son incertitude, en tout cas, ne devait pas durer longtemps.

Au fond de la coupe, dans l'espace circonscrit par les trois anneaux lumineux, Volmerange vit apparaître, dans les profondeurs d'un immense lointain, un point qui s'approchait avec rapidité, se dessinant de plus en plus nettement.

— Voyez-vous apparaître quelque chose? dit Priyamvada à Volmerange.

— Un homme dont je ne puis encore discerner les traits, s'avance vers moi.

— Lorsque vous le verrez plus distinctement, tâchez de bien graver ses traits dans votre mémoire; car je ne puis deux fois détacher un spectre de la même personne, ajouta la jeune Indienne d'un ton grave.

La figure évoquée prenait plus de précision, ébauchée sous l'eau par un pinceau mystérieux; un éclair traversa la coupe, et Volmerange reconnut, à n'en pouvoir douter, la tête pâle et fine de Xavier.

Il poussa un cri d'étonnement et de rage; le nuage

laiteux remplit de nouveau la coupe, l'image se troubla et tout disparut.

— Dolfos ! un des membres de notre junte, poursuivit Volmerange atterré.

Dolfos était le vrai nom de Xavier, qui n'était connu d'Edith que sous ce pseudonyme. Xavier, ou, pour mieux dire, Dolfos, ne pouvant prévoir cette scène d'hydromancie, avait cru ajouter ainsi à l'obscurité dont il avait enveloppé sa ténébreuse intrigue.

Priyamvada, qui ne paraissait nullement surprise de ce résultat prodigieux, reversa l'eau du Gange dans le vase où elle l'avait puisée.

— Maintenant, mon cher seigneur peut se venger s'il le veut, dit la jeune fille ; par mon art, je lui ai donné le signalement du coupable.

— Écoute, Priyamvada, rugit le comte en se dressant de toute sa hauteur, je te suivrai dans l'Inde, je ferai tout ce que tu voudras ; mon cœur et mon bras t'appartiennent pour le service que tu viens de me rendre. Maintenant, laisse-moi sortir d'ici : je suis tout à ma vengeance.

— Va ! répondit Priyamvada, sois terrible comme Durga plongeant son trident au cœur du vice, féroce comme Narsingha, l'homme-lion, déchirant les entrailles d'Hiranyacasipu.

Et elle prit la main du comte, qu'elle conduisit par différents détours jusqu'à une porte qui donnait sur la rue.

Quand elle revint, Dakcha, qui avait suivi toute cette scène, caché derrière le rideau, était debout au milieu de la chambre, le coude appuyé sur le bras et le menton sur la paume de la main, dans une attitude méditative. Au bout de quelques secondes, il dit à Priyamvada :

— Je pense, jeune fille, que tu as eu tort de laisser aller le cher seigneur... S'il ne revenait pas ?

— Il reviendra, répondit l'Indienne en faisant luire, derrière l'anneau de brillants de ses narines, un sourire plein de malice et de coquetterie naïve.

Lorsque Volmerange se trouva dans la rue, il crut avoir été le jouet d'un rêve. Devait-il ajouter foi à cette fantasmagorie, et Dolfos était-il véritablement le coupable ? Un secret instinct lui disait oui, quoiqu'il ne pût appuyer sa conviction d'aucun indice.

En supposant qu'il fût coupable, comment le lui prouver ? La seule créature qui eût pu dire la vérité roulait vers la mer, du moins Volmerange le croyait, emportée par les flots bourbeux de la Tamise ; et, d'ailleurs, où trouver Dolfos, qu'il n'avait pas vu depuis deux ou trois ans, dont il ignorait complétement le genre de vie, car cette nature froide et souterraine lui avait toujours été antipathique ? Ils s'étaient rencontrés quelquefois et leurs rapports s'étaient maintenus dans cette politesse stricte qui touche à l'insulte. Quelques affaires de femmes, où Dolfos, en rivalité avec Volmerange, n'avait pas eu le dessus, semblaient avoir laissé dans l'âme du premier une rancune profonde qu'il cachait soigneusement, mais qui avait fait pulluler les vipères dans ce cœur malsain.

Une autre incertitude torturait Volmerange. Dolfos avait peut-être agi d'après les ordres de la junte, et alors, appuyé par cette puissante association, il pourrait échapper au châtiment qu'il méritait ; un vaisseau l'emportait sans doute vers un pays inconnu et le dérobait pour toujours à ses recherches.

Il en était là de ses raisonnements, lorsque tout à coup, par un de ces hasards vrais dans la vie, invraisemblables dans les romans, Dolfos, tournant un angle de rue, se rencontra face à face avec lui.

A l'aspect de Volmerange, Dolfos comprit qu'il savait tout : il eut peur à la vue de ce visage livide où flamboyaient deux yeux pleins d'éclairs, et il se rejeta en arrière par un mouvement brusque ; mais la main du comte s'abattit sur son bras comme un crampon de fer et le fixa sur la place.

— Dolfos, dit le comte, je sais tout, n'essaye pas de nier ; tu m'appartiens, suis-moi.

Le misérable tâcha de se débarrasser de l'étreinte de cette main nerveuse, mais il ne put y réussir.

— Faut-il que je te soufflette en pleine rue, comme un lâche, pour te forcer à te battre ? poursuivit Volmerange. J'ai le droit de t'assassiner, et pourtant je risquerai ma vie contre la tienne, comme si tu étais un homme d'honneur. Séduire une femme, cela se conçoit, l'amour excuse tout ; mais la perdre dans un but de calcul et de haine, l'enfer n'a rien de plus monstrueux et de plus abominable. Tu m'as fait meurtrier, il faut que je te tue. Je te dois à l'ombre d'Edith.

— Eh bien, oui, je vous suivrai, répondit Dolfos ; mais desserrez ces doigts qui me brisent le poignet.

— Non, répondit Volmerange, tu te sauverais.

Une voiture passa, le comte l'appela, et y fit monter devant lui Dolfos, blême et tremblant.

— Menez-nous, dit le comte, à ***.

C'était une petite maison de campagne, un cottage que le comte possédait aux environs de Richmond.

Le trajet, quoique rapide, parut long aux deux ennemis : Dolfos, rencogné dans un angle de la voiture, semblait une hyène acculée par un lion. Volmerange le couvait d'un œil sinistre et flamboyant ; il était calme et Dolfos agité.

Enfin on arriva à la porte du cottage : un vieux serviteur était chargé de la garde de cette maison, où le comte ne venait que rarement et seulement pour faire avec ses amis quelque joyeuse partie de garçons.

Ce cottage, espèce de petite maison de Volmerange, était disposé d'une façon discrète : aucune vue ne plongeait dans son parc entouré de hautes palissades. Pas de voisinage importun : l'amour pouvait y pousser ses soupirs, l'orgie y crier sa folle chanson, sans éveiller l'attention de personne ; mais, par exemple, on aurait pu s'y égorger en toute sécurité. Avec des intentions voluptueuses, c'était une grotte de Calypso ; avec des intentions sinistres, un antre de Cacus : qu'on nous pardonne cette mythologie. Les intentions de Volmerange n'étaient pas gaies, c'était donc un coupe-gorge.

Le jour commençait à baisser, et la chambre dans laquelle Volmerange entra, poussant Dolfos, était humide et froide comme l'antichambre d'un tombeau ; elle n'avait pas été ouverte depuis longtemps.

Dolfos se laissa tomber dans un fauteuil et s'appuya la tête sur une de ses mains. Il était profondément abattu. Quoique d'une imagination audacieuse, il n'avait pas le courage physique. Le repentir lui venait comme il vient aux lâches lorsqu'ils sont découverts.

— Quoiqu'il eût reçu de la junte l'ordre de détourner Volmerange d'Edith, certes il avait outre-passé ses pouvoirs d'une façon odieuse; et fait dans cette intrigue une part trop grande à sa haine particulière. Il éprouvait ce regret amer et sans compensation des scélérats qui n'ont pas réussi.

— Daniel, allez-vous-en porter cette lettre à la ville, dit Volmerange, après avoir plié un papier, au vieux gardien qu'il avait appelé; c'est très-pressé.

Le vieux serviteur partit, et, lorsque Volmerange eut entendu refermer la porte d'entrée, il dit à Dolfos :

— A nous deux, maintenant !

Et, détachant d'un trophée d'armes suspendu au mur deux épées de pareille longueur qu'il mit sous son bras, il se dirigea vers le jardin. Livide comme un spectre, les dents serrées, les yeux injectés de sang, Dolfos suivait Volmerange de ce pas machinal dont le patient suit le bourreau. Il eût voulu crier, mais la voix tarissait dans son gosier aride, et, d'ailleurs, personne n'eût entendu ses cris. Il lui prenait l'envie de s'arrêter, de se coucher par terre et d'opposer une résistance inerte; mais Volmerange l'eût fait marcher avec sa main puissante, comme le croc qui traîne un cadavre aux gémonies. Il allait donc, muet et stupide, lui si éloquent et si retors, car il avait senti tout de suite l'inutilité de la prière ou du mensonge.

En passant devant une resserre rustique, Volmerange y entra un instant, et en ressortit avec une bêche.

Ce détail sinistre glaça Dolfos. Ils marchèrent ainsi jusqu'au fond du parc.

Arrivé là, Volmerange s'arrêta et dit :

— La place est bonne.

La place était bonne, en effet : des arbres plus qu'à moitié effeuillés par l'automne, et profilant leurs noirs squelettes sur les nuages sanguinolents du soir, dessinaient à cet endroit comme une espèce de cirque fait exprès pour la lutte.

Le comte, déposant les deux épées hors de la portée de Dolfos, prit la bêche et traça sur le sable un parallélogramme de la longueur à peu près d'un homme couché ; puis il se mit creuser, rejetant la terre à droite et à gauche.

Glacé d'épouvante, Dolfos s'était appuyé contre un arbre, et, d'une voix affaiblie, il dit à Volmerange :

— Que faites-vous, grand Dieu ?

— Ce que je fais ? répondit Volmerange sans quitter sa besogne. Je creuse votre fosse ou la mienne, selon les chances ; le survivant enterrera l'autre...

— Mais c'est horrible ! râla Dolfos.

— Je ne trouve pas, continua Volmerange avec une ironie cruelle ; nous n'avons pas, que je pense, l'idée de nous faire seulement quelques petites égratignures ; cette manière est commode et décente. Mais bêchez donc un peu à votre tour, ajouta-t-il en sortant de la fosse creusée à moitié ; il n'est pas juste que je me fatigue tout seul ; faisons en commun le lit où l'un de nous doit coucher.

Et il remit la bêche aux mains de Dolfos.

Celui-ci, tout tremblant, donna au hasard cinq ou six coups qui enlevèrent à peine quelques mottes de terre.

— Allons, laissez-moi finir, dit Volmerango en reprenant l'outil ; vous qui êtes si bon comédien, vous ne joueriez pas bien le rôle du fossoyeur dans *Hamlet;* vous bêchez mal, mon maître.

La nuit était presque tombée lorsque le comte eut terminé son lugubre travail.

— Allons, c'est assez pioché comme cela ! Aux épées maintenant, dit le comte en en jetant une à Dolfos et en gardant l'autre pour lui.

— Il ne fait plus clair, cria le misérable ; allons-nous donc nous égorger à tâtons?

— On y voit toujours assez clair pour se tuer. Passer de la nuit à la mort est une transition facile ; si noir qu'il fasse, nous sentirons bien toujours nos épées nous entrer dans le corps, dit le comte en portant une botte terrible à Dolfos, qui poussa un gémissement.

— J'ai touché, dit le comte, la pointe de mon épée est mouillée.

Dolfos, exaspéré, se fendit à fond sur le comte.

Volmerange para le coup par une prompte retraite, et, liant son fer avec celui de son adversaire, lui fit sauter l'épée des mains.

Se voyant perdu, Dolfos se jeta par terre, et, s'aplatissant comme un tigre, saisit Volmerange par les jambes et le fit tomber.

Alors commença une lutte affreuse. Serré par l'étreinte furieuse de Dolfos, dont la lâcheté au désespoir se tournait en rage de bête fauve, Volmerange ne pouvait se servir de son épée. Il essaya bien d'abord de la planter dans le dos de Dolfos, dût-il, en clouant son adversaire sur lui, se traverser le cœur; mais il ne put y réussir, le fer lui échappa. De sa main devenue libre, il empoigna son ennemi à la gorge.

La chute des deux adversaires avait eu lieu près de la fosse ouverte. En se roulant par terre dans les soubresauts et les convulsions de ce combat de cannibales, Volmerange et Dolfos arrivèrent près du trou béant et y roulèrent, sans se quitter, pêle-mêle avec la terre éboulée.

Seulement, Dolfos était dessous. Les doigts de Volmerange s'incrustaient dans ses chairs et l'étranglaient comme fait une garrotte espagnole. L'écume montait aux lèvres du misérable ; un râle sourd grommelait dans sa gorge, et ses membres se roidissaient... Mais bientôt ces tressaillements cessèrent, et Volmerange, s'arrachant à l'étreinte du cadavre, s'élança sur le bord de la fosse et dit :

— Un mort qui s'est enterré lui-même, on n'est pas plus complaisant que cela !

Et, prenant la bêche, il recouvrit en toute hâte le corps du vaincu, égalisant la terre avec soin et piétinant sur la place pour faire affaisser le sol nouvellement remué.

— Maintenant que ce compte est réglé, allons voir Priyamvada et quittons cette vieille Europe, où je laisse deux cadavres !

XV

Nous avons quitté *la Belle-Jenny* au moment où elle débouquait de la Tamise et gagnait la haute mer. Le but du voyage, le capitaine l'ignorait sans doute; car, lorsque les grandes vagues du large commencèrent à laver le bordage du navire, il demanda respectueusement à Sidney, rêveusement assis sur un tas de cordages roulés :

— Maître, où donc allons-nous?

— Vous le saurez quand nous serons arrivés, cher capitaine Peppercul.

— Oh! je ne le demande pas par curiosité, reprit

le capitaine ; mais le timonier est là qui attend pour pousser à droite ou à gauche la roue de son gouvernail.

— C'est juste, répliqua sir Arthur Sidney avec un léger sourire, sans toutefois indiquer de destination.

— Le vent, continua Peppercul, a sauté depuis hier ; il fait un temps superbe pour sortir de la Manche et entrer dans l'Océan ; si pourtant vous avez affaire dans la Baltique ou près du pôle, en louvoyant et en courant des bordées, on tâchera d'arriver.

— Puisque le vent nous pousse hors de la Manche, dit Sidney avec un air d'insouciance admirablement joué s'il n'était pas vrai, laissons faire le vent !

Le capitaine donna aussitôt les ordres pour qu'on fît tomber *la Belle-Jenny* dans le lit de la brise. En un clin d'œil les voiles furent orientées, et le navire, pris en poupe par un souffle vif et soutenu, s'avança rapidement entre deux crêtes d'écume.

Voyant que Sidney gardait le silence, Peppercul ne jugea pas à propos de faire d'effort pour soutenir la conversation et se retira respectueusement à quelque distance.

Jack, l'ami de Mackgill, était en train de faire une épissure à une corde, lorsque Sidney l'appela.

— Faites monter dans ma cabine la femme que nous avons recueillie cette nuit.

— Je vais l'apporter sur-le-champ à Sa Seigneurie, répondit Jack en plongeant par une écoutille comme un diable d'opéra qui disparaît dans le gouffre d'une trappe.

Pendant que Jack allait chercher Edith couchée dans un hamac sous les profondeurs de l'entre-pont, Sidney, le front incliné par une préoccupation soucieuse, se dirigeait vers sa cabine pour s'y trouver en même temps que la jeune femme.

Ce ne fut pas cette ombre convulsive dont la blancheur perçait les ténèbres qu'encadra la porte de la cabine en s'ouvrant : ce fut un jeune homme mince et de taille moyenne, vêtu d'une cotte et d'une chemise de mousse : ses traits délicats et fins se dessinaient dans un ovale d'une pâleur extrême; ses yeux marbrés luisaient fiévreusement, et sa bouche, abandonnée des couleurs de la vie, tranchait à peine sur le ton du reste de la peau. Une certaine confusion perçait à travers sa tristesse, et, lorsque Sidney leva les yeux vers lui, une légère rougeur pommela ses joues.

Un certain étonnement se peignit dans le regard de Sidney, qui attendait une femme et voyait paraître un mousse. Mais Jack, qui marchait derrière le prétendu jeune homme, comprit cette surprise et la fit cesser.

— Madame n'était, lorsque nous l'avons tirée de l'eau, vêtue que d'un simple peignoir de mousseline, et, comme nous n'avons pas ici un assortiment de vêtements de femme, j'ai mis à côté de son hamac cette chemise de laine rouge et cette cotte goudronnée. Voilà pourquoi la femme repêchée se trouve être un joli mousse.

— C'est bien, Jack; laissez-nous, dit sir Arthur Sidney avec un signe impératif.

Sidney, resté seul avec Edith, fixa sur elle un œil scrutateur aussi perçant que celui de l'aigle; ce n'était pas un regard, c'était comme un jet lumineux qui semblait aller chercher, à travers le crâne ou la poitrine, l'idée dans la cervelle et le sentiment dans le cœur.

Edith resta impassible pendant cet examen, qui lui fut sans doute favorable, car Sidney se leva avec la même politesse respectueuse que s'il eût été dans un salon. Il lui prit la main par le bout des doigts, et lui dit, en la conduisant vers le divan garni de coussins qui occupait le coin de la cabine :

— Madame, daignez vous asseoir ; vous paraissez faible et souffrante, et, pour qui n'a pas le pied marin, il n'est pas facile de rester debout.

En effet, *la Belle-Jenny,* la bride sur le cou, faisait des foulées dans la mer comme un cheval fougueux, et le niveau du plancher se déplaçait à chaque instant.

Conduite par Sidney, Edith se laissa tomber plutôt qu'elle ne s'assit sur le divan.

Il y eut un instant de silence que rompit Sidney de sa voix harmonieuse et calme, rendue plus douce par un accent de pitié.

— Je ne vous demanderai pas, madame, si c'est un crime ou un désespoir qui vous a précipitée dans la Tamise par cette affreuse nuit de tempête : un miracle a fait passer à côté de vous une barque remplie de gens qui se hâtaient dans l'ombre vers une œuvre mystérieuse. Vous êtes tombée du ciel au milieu de leur secret ; par le coup de théâtre le plus imprévu, vous avez déjoué les précautions les mieux prises, et vous avez vu ce que nul ne doit voir ni redire ; un coup de rame vous rendait au gouffre. Mes hommes n'attendaient qu'un signe.

— Oh ! pourquoi ne l'avez-vous pas fait? interrompit Edith en portant ses mains diaphanes à ses yeux rougis.

— Je ne l'ai pas fait, continua Sidney, car quelque chose a crié en moi, et il m'a semblé que replonger dans la mort l'être qu'un hasard merveilleux rattachait à la vie, eût été une barbarie froide, une espèce d'impiété envers le destin. Mais, je ne dois pas vous le cacher, cette existence que je vous ai rendue, il m'est interdit de vous en laisser la libre disposition, au moins jusqu'à l'achèvement de la grande œuvre à laquelle je travaille : le vaisseau qui nous emporte ne doit s'arrêter que dans les mers les plus lointaines. Jusque-là, vous serez morte pour tout le monde.

— Ne craignez rien, milord, je n'ai pas envie de ressusciter.

— Cet habit que vous avez pris, continua Sidney, vous le garderez quelque temps. Plus tard, quand il faudra le quitter, je vous le dirai. N'ayez aucune crainte. Malgré nos airs sinistres et ténébreux, nous sommes d'honnêtes gens, nous tendons à un grand but.

Et, en disant ces mots, les yeux de Sidney resplendirent, son front rayonna, ses traits s'illuminèrent ; mais bientôt, comme honteux de cette effusion, il reprit son regard tranquille et son attitude froide :

— Fiez-vous à ma loyauté, madame ; je ne vous aurai pas retirée de la mort par l'infamie, et, puisqu'un assassinat ou un suicide vous ont jetée au fleuve, il faut que vous en sortiez radieuse et réconciliée ; avec moi, les dangers du moins seront glorieux, et, si vous succombez à la tâche, les siècles vous béniront.

— Oh ! oui ! répondit Edith, maintenant que tous les fils qui me liaient à l'existence ont été brisés, je sens que je ne puis vivre que pour le dévouement ; moi, mes jours sont finis, je n'ai plus de but ni d'espoir, aucune raison d'être : tout m'est impossible, même la mort, puisque Dieu m'a suspendue sur le gouffre sans m'y laisser enfoncer. Disposez de votre servante, substituez votre volonté à la mienne, mettez votre âme dans mon cœur vide. Soyez ma pensée ; je m'abjure dès aujourd'hui, j'oublie qui j'ai été, qui je suis; je désapprendrai jusqu'à mon nom; je prendrai celui que vous m'imposerez; un fantôme, cela se baptise comme on veut; je me tiendrai debout, et j'irai jusqu'au jour où vous me direz : « Spectre, je n'ai plus besoin de toi, recouche-toi dans ta tombe. »

— Je t'accepte, dit Arthur Sidney d'un ton solennel et presque religieux, toi qui te donnes sans réserve et te voues au but inconnu avec ardeur et foi, ô pauvre jeune âme brisée ! Je te promets, à défaut de bonheur, au moins le repos. — Désormais, vous habiterez cette petite chambre à côté de ma cabine, et, aux yeux de l'équipage, qui ne vous a pas vue dans vos habits de femme, vour passerez pour mon mousse.

Edith fut installée dans un étroit réduit, et son office, plus apparent que réel, se bornait à chercher un livre pour Sidney ou à lui apporter sa longue-vue; le reste du temps, appuyée sur le bastingage ou perchée dans le trinquet de gabie, elle noyait ses regards dans les nuages infinis, et contemplait l'Océan, qui lui paraissait petit à côté de son chagrin.

Le vaisseau fuyait toujours, enfermé dans ce cercle d'airain que l'horizon de la mer trace autour des navires. Le soleil se levait et se couchait: les chevaux blancs secouaient leurs folles crinières ; les marsouins jouaient au triton et à la sirène dans le sillage ; de temps à autre, une bande grisâtre, bordée d'écume, émergeait, loin, bien loin, sur la gauche de *la Belle-Jenny*, avec l'apparence d'un banc de nuages colorés par un rayon ; des albatros, berçant leur sommeil avec leur vol, planaient au-dessus des mâts ou rasaient les vagues, une aile dans l'eau et l'autre dans l'air ; à mesure qu'on avançait, le ciel était plus clair et les brumes du nord restaient en arrière comme des coureurs essoufflés.

Mais bientôt tout disparut : plus d'oiseaux, plus de silhouettes de côtes lointaines ; rien que la mer et le ciel avec leur grandeur monotone et leur agitation stérile. La chanson vénitienne, dans son admirable mélancolie, dit qu'il est triste de s'en aller sur la mer sans amour. C'est vrai et c'est beau ; l'amour seul peut remplir l'infini ! Mais sans doute la barcarolle n'entendait pas un amour sans espoir et brisé comme celui d'Edith pour Volmerange. Une grande tristesse envahit la pauvre jeune femme ; elle ne pouvait s'empêcher de songer à la vie heureuse qu'elle aurait pu mener, et pour laquelle Dieu et la société l'avaient faite, et qu'une complication d'intrigues scélérates lui rendait impossible : elle pensait aussi à lord et à lady Harley, au désespoir affreux de ce noble père et de cette respectable mère, et des larmes coulaient silencieusement sur son beau et pâle visage, larmes plus amères que l'Océan où elles tombaient.

Contradiction bizarre, mais qui n'étonnera pas les femmes, elle aimait davantage Volmerange depuis cette nuit terrible : tant de violence prouvait aussi tant de passion ! Cette rigueur implacable lui plaisait ; plus d'indulgence eût témoigné de la froideur : il faut bien aimer pour se croire le droit de mort ! Quelles espérances de bonheur Volmerange avait-il donc fondées sur elle, qu'il n'avait pu en supporter la ruine ? que faisait-il maintenant, désespéré, bourrelé de remords, forcé de fuir sans doute ? Quel effet avait produit dans le monde cette catastrophe sinistre et mystérieuse ? Telles étaient les questions toujours les mêmes et résolues de cent manières que se posait Edith, tandis que *la Belle-Jenny,* tantôt poussée par une brise carabinée, tantôt ramassant dans ses toiles jusqu'au plus languissant souffle d'air, s'acheminait vers son but mystérieux.

Benedict, de son côté, pensait beaucoup à miss Amabel, et, toutes les fois qu'il passait sur le pont à côté d'Edith, ils se regardaient tristement, et leurs chagrins se reconnaissaient.

Enfin on arriva en vue de Madère, et Sidney envoya un canot à la ville pour renouveler ses provisions et acheter une garde-robe complète de femme à Edith. Robes, linge, châles, chapeaux, rien n'y manquait; on eût dit un trousseau de jeune mariée. Cependant on ne lui fit pas quitter ses habits de mousse.

Soit qu'il crût devoir se soumettre au serment rappelé, soit que Sidney l'eût véritablement conquis à ses idées, Benedict ne s'était plus révolté contre cet enlèvement étrange qui l'avait arraché au bonheur d'une manière si soudaine, et il ne paraissait pas avoir conservé de rancune contre son ami.

Ils restaient ensemble de longues journées dans la cabine, accoudés à la table suspendue, couverte de papiers et d'instruments de mathématiques; sir Arthur Sidney, après de longues méditations, traçait sur une ardoise des dessins compliqués remplis de chiffres algébriques et de lettres de renvoi que Benedict recopiait au lavis en les épurant et en leur donnant toute la précision désirable; quelquefois, avant de les traduire sur le papier, il faisait à Sidney des observations que celui-ci écoutait avec une attention profonde, et qui amenaient quelque changement dans le plan primitif.

Bientôt, du plan, les deux amis passèrent à l'exécution d'un modèle réduit. Ils taillaient gravement de petites pièces de bois longues comme le doigt, et dont il eût été difficile de deviner la destination ; quand tout fut taillé, Sidney réunit avec beaucoup d'adresse les morceaux séparés et numérotés que lui tendait Benedict, qui paraissait, lui aussi, attacher un vif intérêt à l'opération. De ce travail acharné d'un mois, il résulta un canot d'un pied de long, tout à fait pareil en dehors à ceux qui composent ces flottilles que les enfants font flotter sur les bassins des parcs ou des jardins royaux, mais au dedans rempli de rouages, de tubes et de cloisons.

Ce résultat, puéril en apparence, sembla réjouir beaucoup les deux amis, et Sidney poussa un soupir de satisfaction en posant la dernière planchette.

— Je crois que nous avons réussi, dit Sidney, autant qu'on peut être sûr d'une chose par la théorie.

— Il faudra l'essayer, répondit sir Benedict Arundell.

— Rien n'est plus facile, répliqua Sidney en frappant un coup sur un timbre placé près de lui.

Suscité des profondeurs de la cambuse, où il était en train de faire avec un ami des études comparatives sur la force spécifique de l'arack et du rhum, Jack apparut bientôt sur le seuil de la porte et attendit, en tournant son chapeau dans ses doigts, les ordres de sir Arthur Sidney.

— Apporte-nous une baille pleine d'eau, dit Sidney à Jack, qui, surpris de cet ordre bizarre, ne put s'empêcher de se le faire répéter.

— Votre Honneur a bien dit une baille pleine d'eau?

— Oui. Qu'y a-t-il là qui t'étonne? répliqua Sidney.

— Rien, milord; seulement, je croyais avoir mal entendu, répondit Jack, et je cours chercher l'objet demandé.

Quelques minutes après, Jack reparut, portant avec son ami Mackgill une cuve remplie, qui fut délicatement posée à l'entrée de la chambre.

Quand les deux matelots se furent retirés, Sidney prit délicatement la petite chaloupe et la posa sur l'eau avec le sérieux d'un enfant qui croit lancer un vaisseau de guerre dans une cuvette.

Chose singulière, le canot, au lieu de flotter, comme on devait s'y attendre, s'enfonça graduellement et s'engloutit sous l'eau de la baille, ce qui parut charmer beaucoup Sidney et Benedict, bien qu'ordinairement les barques ne soient pas faites pour sombrer. Sidney, plein d'enthousiasme en remarquant que le petit canot n'allait pas jusqu'au fond de la cuve, s'écria :

— Regardez, Benedict, comme il se maintient à cette profondeur ; mes calculs étaient justes. Oh ! maintenant, je suis sûr de tout.

Et ses yeux brillèrent, et sa narine se dilata enflée d'un souffle de noble orgueil ; mais bientôt, reprenant son sang-froid habituel, il releva sa manche, plongea son bras nu dans l'eau et en retira la petite chaloupe, qu'il serra précieusement après l'avoir fait égoutter.

Le succès de cette opération parut aussi faire beaucoup de plaisir à Benedict, et, à dater de ce jour, un rayon d'espérance égaya sa tristesse. Quant à la pauvre Edith, qui n'était pas dans le secret du canot, sa mélancolie s'était tournée en résignation morne.

Comme nous l'avons dit, elle n'avait guère d'autre distraction que le spectacle de l'immensité.

Le voyage durait déjà depuis près de trois mois et ne semblait pas près de finir. Les Canaries, les îles du cap Vert, avaient fui bien loin à l'horizon ; en passant à l'île de l'Ascension, Mackgill et Jack, envoyés, dans la chaloupe, à la grotte aux renseignements, trouvèrent, dans la bouteille suspendue à la voûte, un papier roulé et couvert de signes énigmatiques, qu'ils portèrent à sir Arthur Sidney.

Sir Arthur lut couramment ce grimoire effroyable, après avoir posé dessus un papier découpé en grille qu'il tira de son portefeuille, et parut satisfait du contenu de la note hiéroglyphique, car il dit à Benedict :

— C'est bien ; tout va comme je veux.

L'île de l'Ascension dépassée, au bout de quelques jours de navigation, une espèce de nuage grisâtre commença à sortir de la mer comme un flocon de brume pompé par le soleil.

Bientôt le nuage devint un peu plus opaque, et ses contours se dessinèrent plus nettement à l'horizon clair ; avec la longue-vue, on pouvait en discerner la silhouette.

Ce n'était pas un nuage assurément.

C'était la terre; c'était une île; elle s'élevait graduellement du sein des eaux, ne montrant encore, à cause de la déclivité de la mer, que la découpure de ses montagnes. Mais, bientôt, on la vit tout entière, immobile et sombre, au milieu de l'immensité, avec sa pâle ceinture d'écume.

D'énormes rochers à pic de deux mille pieds de haut faisaient surplomber leurs masses volcaniques sur la mer qui battait leur base et se roulait, échevelée et folle de colère, dans les anfractuosités creusées par ses attaques: on eût dit qu'elle avait conscience de ce qu'elle faisait, tant les flots revenaient à la charge avec acharnement.

Ces immenses masses granitiques, estompées à leur pied par un brouillard d'écume, avaient la tête baignée de nuages mêlés de rayons. Leurs escarpements gigantesques, leurs flancs décharnés, où la lave des volcans refroidis traçait des sillons pareils à des cicatrices de blessures anciennes; leurs cimes effritées par les pluies torrentielles, présentaient un tableau d'une majesté sauvage et sinistre: ils avaient l'air grandiosement horrible.

Ces rochers paraissaient tombés là du haut du ciel le jour de l'escalade des géants ; ils étaient encore tout écornés et tout brûlés des éclats de la foudre. Quelque chose de surhumain devait s'y passer, une vengeance inouïe, un supplice à rappeler les croix du Caucase, et l'on cherchait involontairement sur quelque cime la silhouette colossale d'un Prométhée enchaîné.

Pour peu que la fantaisie eût voulu s'y prêter, une nuée ouverte en aile, qui palpitait au-dessus d'une crête vaguement ébréchée en forme humaine, figurait suffisamment le vautour.

En effet, un Prométhée, aussi grand que l'autre, mugissait là, cloué depuis cinq ans par la Force et la Puissance, comme dans la tragédie d'Eschyle.

Tout l'équipage était sur le pont. Sir Arthur Sidney contemplait l'île noire avec un regard indéfinissable où il y avait de la honte, de la douleur et de l'espoir. Muet, il serrait la main de Benedict, debout à côté de lui et qui paraissait aussi pénétré d'une vive émotion. Le capitaine Peppercul avait laissé à moitié vide un gallon plein de rhum, ce qui était pour lui le plus haut signe de perturbation morale.

L'ordre fut donné de jeter l'ancre en face de la ville dont les maisons grisâtres se dessinaient au fond de la grande déchirure des montagnes ouvertes à ce seul endroit, car partout elles entourent l'île comme une ceinture de tours et de bastions.

Edith, qui, à bord de *la Belle-Jenny*, avait vécu dans un isolement parfait et ne s'était nullement rendu compte de la marche du navire, émue de curiosité à l'aspect de cette terre, s'approcha timidement de sir Arthur Sidney, qui, ne pouvant détacher ses regards du spectacle offert à ses yeux, lui posa le bout des doigts sur le bras, et lui dit d'une voix un peu tremblante, car jamais elle ne lui adressait la parole la première :

— Milord, comment s'appelle cette île ?

— Cette île, répondit sir Arthur Sidney en sortant de sa rêverie et avec un accent singulier, cette île s'appelle Sainte-Hélène !

XVI

— Sainte-Hélène! soupira Edith, dont les yeux devinrent humides.

— Oui, répondit Sidney en suivant avec intérêt, sur la figure d'Edith, l'effet produit par ce mot magique.

— Oh! quel affreux séjour! continua Edith en joignant les mains.

— N'est-ce pas, bien affreux? répliqua sir Arthur Sidney, les yeux toujours fixés sur Edith.

— Ce serait une cruauté que de déporter là le crime!

— Et on y a déporté le génie! dit sir Benedict Arundell en se mêlant à la conversation.

— Quelle honte pour notre nation! poursuivit Sidney comme en lui-même, et absorbé dans une rêverie profonde. Mais... patience!...

Et il s'arrêta comme s'il avait peur d'en trop dire; puis il reprit sa physionomie impassible.

Seulement, au bout de quelques minutes de contemplation, il fit dire au capitaine Peppercul qu'il eût à mettre un canot à la mer, et rentra dans la cabine avec Edith et sir Benedict Arundell.

La conversation qu'ils eurent ensemble, la voici. Sidney prit la main d'Edith en présence de Benedict et lui dit :

— Vous m'avez donné le pouvoir d'user de votre dévouement et de votre intelligence pour le but que je poursuis ; vous avez promis d'avoir en moi la confiance la plus aveugle et de marcher les yeux fermés sur la route où je vous poserai dût-il y avoir un abîme au bout.

— Je l'ai dit ; ma vie vous appartient, répondit la jeune femme.

— Bien ! continua sir Arthur Sidney ; il ne s'agit

pas maintenant de quelque chose de si grave. Le moment est venu de quitter ce costume de mousse; allez dans votre chambre, où j'ai fait préparer tout ce qu'il faut.

Edith se leva et sortit.

Sir Arthur Sidney, resté seul avec Benedict, se croisa, comme pour contenir les mouvements de son cœur, les bras sur la poitrine ; puis il les ouvrit à son ami et lui dit :

— Frère, en cas que nous ne nous revoyions pas en ce monde, embrassons-nous !

Benedict s'avança vers Sidney ; et les deux amis se tinrent quelques minutes les bras enlacés.

— Quand tout sera prêt, dit Sidney en entraînant Benedict près du sabord, tu couperas ce petit arbre qui se tord et s'échevèle au vent sur le sommet de cette roche noire ; on le voit de loin en mer. Je vais aux îles de Tristan d'Acuna, ou sur la côte d'Afrique, à l'embouchure de la rivière de Coanza ; c'est plus près, pour construire mon canot. Il me faut deux mois. Dans deux mois, *la Belle-Jenny* croisera dans ces parages et nous frapperons le grand coup.

— Ah! l'histoire s'en étonnera, répondit Benédict, et jamais...

Il allait en dire plus long lorsque Edith entra.

Benedict et Sidney restèrent comme surpris de sa beauté. Son costume d'homme avait empêché jusqu'à ce jour les deux amis, absorbés, l'un par une grande pensée, l'autre par un grand chagrin, de remarquer à quel point miss Edith était adorable et charmante.

Le temps écoulé avait, sinon apaisé, du moins adouci la douleur de la jeune femme; de cette horrible catastrophe, il ne restait d'autre trace qu'une pâleur délicate sur les joues, qu'une légère teinte azurée aux tempes attendries, qui augmentaient encore l'élégance de cette ravissante figure, en y rendant en quelque sorte l'âme visible.

Elle était habillée avec la simplicité la plus fraîche; une robe blanche de mousseline des Indes parsemée de petites fleurs à peine visibles dessinait sa taille jeune et souple, et se massait sur les hanches à plis abondants; un chapeau de fine paille de Manille garni de rubans roses encadrait le délicieux ovale de sa tête, et une écharpe de Chine se drapait sur ses épaules.

Sous le regard d'admiration de Sidney et de Benedict, miss Edith sentit monter une faible rougeur à ses joues décolorées : la femme renaissait en elle.

— Vous êtes charmante ainsi, ne put s'empêcher de dire Sidney ; maintenant, vous allez descendre à terre avec Benedict. Vous serez sa sœur ou sa femme : sa femme vaut mieux, j'y pense, et c'est ce titre que vous porterez. Vous prendrez une maison de ville à James-Town, et une maison de campagne aussi près de Longwood que possible ; plus tard, Benedict vous dira ce que vous aurez à faire.

— J'obéirai, répondit la jeune femme troublée par cette idée de passer pour la femme de Benedict et de vivre seule, sous le même toit, avec un homme jeune et beau.

Puis, par une de ces humilités des âmes pures, toujours injustes pour elles-mêmes, elle se dit qu'elle n'avait pas le droit de trouver cette situation équivoque, et qu'après tout, la maîtresse de Xavier ne devait pas avoir tant de scrupules.

—Allons, dit Sidney en prenant Edith par la main

et la conduisant à sir Benedict Arundell, jeunes époux, il est temps de partir ; le canot attend, les rames parées.

Puis, souriant de ce sourire plein de sérénité qui lui était propre, il dit à son ami :

— Avoue que, si je t'ai ôté une femme, je t'en rends une qui n'est pas moins belle.

Benedict pâlit à cette phrase, peut-être maladroite de Sidney ; mais il se contint, car il savait que rien n'était plus éloigné de la pensée d'Arthur qu'une raillerie même la plus innocente ; et, regardant miss Edith, il ne put s'empêcher de trouver qu'elle n'était pas inférieure en beauté à miss Amabel Vyvyan.

Edith, sans en avoir la conscience bien distincte, éprouvait un certain plaisir à être vêtue avec les habits de son sexe. Ces blanches draperies, ce fin chapeau de paille, ces nœuds de ruban l'égayaient malgré elle. L'idée de débarquer lui était agréable. Une longue traversée est si ennuyeuse, que la terre même la plus aride et la plus inhospitalière vous paraît un séjour préférable à celui du navire ; et, depuis trois mois, Edith n'avait vu que le ciel et l'eau.

En se trouvant assise à l'arrière du canot, à côté de

sir Benedict Arundell, elle éprouva comme un sentiment de bien-être et de délivrance, et un rayon plus clair illumina sa belle figure ordinairement si mélancolique.

La mer était assez calme et le canot, poussé par six vigoureux avirons, s'avançait rapidement du côté de la terre.

On aborda, et Benedict tendit la main à Edith pour sauter hors du canot. Jack et Saunders chargèrent sur les épaules de pauvres diables basanés et cuivrés les caisses que sir Arthur Sidney avait fait remplir de tous les objets nécessaires à l'installation du jeune ménage.

Saunders eut bientôt trouvé par la ville une maison convenable où le jeune couple, après avoir satisfait les autorités en leur montrant des papiers parfaitement en règle fournis par le prévoyant Sidney, s'établit sous le nom de M. et madame Smith.

D'après la fable répandue par Jack, madame Smith, qui se rendait aux Indes avec son mari pour y visiter de grandes propriétés d'indigo et d'opium qu'ils y possédaient, s'était trouvée extrêmement fatiguée par la mer et avait demandé un mois ou deux de repos sur la première terre habitable qu'on rencontrerait, avant de reprendre le voyage si pénible pour elle.

Le soir même, sir Arthur Sidney fit remettre à la voile, et *la Belle-Jenny* eut bientôt disparu dans les profondeurs bleues de l'horizon. Benedict, accoudé à la fenêtre de son nouveau logement, qui donnait sur la mer, suivit le bâtiment qui s'amoindrissait jusqu'à ce qu'il pût être caché par l'aile d'une mouette.

La maison habitée par les faux époux reproduisait une maison de Chersea ou de Ramsgate, avec cette obstination particulière à la race anglaise, que rien ne peut faire dévier, ni l'éloignement ni le climat ; les murailles étaient de cette brique jaune qui poursuit à Londres l'œil de l'étranger, et les distributions intérieures étaient exactement les mêmes que si la maison eût été bâtie dans Temple-Bar ou à côté de Trinity-Church. La seule concession faite au climat consistait en une marquise rayée de bleu qui ombrageait la porte d'entrée, et dans la substitution des nattes des Philippines aux tapis de laine.

Dans le jardin aride et sec, une allée de tamarins dont les feuillages, découpés en fine dentelle vert-de-grisée, tremblaient au moindre vent, jetait un peu d'ombre sur le sable pulvérulent où languissaient quelques pauvres fleurs altérées à qui un jardinier malais prodiguait des soins malheureux.

Ce fut une impression singulière pour sir Benedict Arundell et miss Amabel, lorsqu'ils se trouvèrent seuls à table, placés conjugalement en face l'un de l'autre et servis par un domestique silencieux. Cette intimité soudaine, née de la supposition de leur mariage et parfaitement naturelle dans cette hypothèse, les étonnait, les effrayait, et peut-être les charmait à leur insu.

La combinaison d'événements bizarres qui avait amené cette situation impossible ne s'était peut-être pas produite une fois depuis que la terre accomplit sa révolution autour du soleil, et encore n'en connaissaient-ils pas toute l'étrangeté ; car Arundell et miss Edith ignoraient qu'ils fussent, l'un un mari sans femme, l'autre une femme sans mari. Benedict, détourné par Sidney, n'était point entré dans l'église de Sainte-Margareth, et sous le porche les deux blanches fiancées s'étaient seules rencontrées.

Ce qu'ils savaient, c'est qu'ils se trouvaient à deux mille lieues de leur patrie, sur ce triste îlot de

Sainte-Hélène, par suite de la froide symétrie d'un plan mystérieux, obligés de vivre jour et nuit sous le même toit..., tous deux jeunes et beaux, et sans amour.

Le repas fini, ils visitèrent la maison plus en détail, et s'aperçurent qu'il n'y avait qu'une seule chambre à coucher. Edith rougit dans sa pudeur anglaise, et Benedict, arrêté sur le seuil et comprenant l'embarras de sa prétendue femme, dit :

— Je ferai accrocher un hamac pour moi dans la chambre d'en haut.

Edith, rassurée, sourit doucement et jeta son écharpe sur le lit en signe de prise de possession.

Ensuite ils descendirent au jardin, où ils se promenèrent dans la longue allée des tamarins avec cette volupté de gens qui, depuis trois mois, ont pour limite à leurs pas le tillac étroit d'un navire. Le bras d'Edith s'appuyait sur celui d'Arundell, car elle chancelait, déshabituée de la marche par cette longue traversée ; et certes, c'eût été pour Amabel et Volmerange un spectacle incompréhensible que ce couple parcourant cette allée solitaire avec un air d'intimité conjugale.

Quelques jours se passèrent de la sorte. Edith était convenue vis-à-vis d'elle-même de regarder Benedict comme un frère; Benedict, de son côté, l'acceptait comme une sœur. Cependant un charme plus vif qu'ils ne le croyaient les attirait l'un vers l'autre, et ils passaient presque toujours leurs journées ensemble.

Ils finirent par se faire des confidences. Benedict raconta à Edith son amour pour Amabel, et la façon dont il en avait été séparé; Edith lui apprit son mariage à la funèbre église de Sainte-Margareth.

— Quoi! cette voiture qui a croisé la mienne devant le portail, c'était la vôtre?

— Oui, répondit la jeune femme.

— Étrange coïncidence : le mariage que tout semblait préparer n'a pu se faire ; ceux qui devaient être unis sont séparés, ceux qui devaient être séparés sont unis; les couples se défont et se reforment en dépit des choix et des volontés : nous qui n'avons pas d'amour l'un pour l'autre, car nos cœurs sont donnés, nous voici dans la même maison, seuls, libres ; et nous sommes à des milliers de lieues des êtres que nous chérissons et que nous ne reverrons peut-être jamais.

— C'est vrai, répondit la jeune femme rêveuse : la destinée a d'étranges caprices.

Les faux époux avaient désormais un de ces commodes sujets de conversation où les inclinations naissantes trouvent les moyens de faire ces aveux indirects que l'on peut confirmer ou rétracter suivant qu'ils réussissent. Benedict parlait d'Amabel et de sa beauté en termes qui, à la rigueur, pouvaient s'appliquer aussi à Edith. Il s'exhalait en regrets et peignait sa passion avec les traits les plus vifs et les couleurs les plus brûlantes. La jeune femme, attentive, intéressée au plus haut point, écoutait cette éloquence passionnée avec d'autant moins de scrupule qu'elle ne s'adressait pas directement à elle.

Elle y répondait par des protestations d'amour pour Volmerange, dont elle reconnaissait avoir justement mérité la colère, ayant manqué de franchise avec lui. Dans ces entretiens ambigus, chacun montrait sa sensibilité, sa tendresse, sa puissance de dévouement, et déployait sans crainte tous les trésors de son âme. A l'abri des noms d'Amabel et de Volmerange, ils se livraient à des subtilités de métaphysique amoureuse. Leur passion inconnue d'eux-mêmes, et cachée par ce masque, usait de la liberté du bal travesti. Insensiblement, Edith prenait la place d'Amabel et Benedict celle de Volmerange.

Ils n'avaient pas, il est juste de le dire, la conscience de cette substitution, et s'abandonnaient d'autant plus volontiers au charme qui les entraînait l'un vers l'autre qu'ils le jugeaient sans danger et se croyaient sûrs de ne pas s'aimer : vous auriez demandé à Benedict s'il aimait toujours autant miss Amabel, il aurait répondu : « Oui ! » dans toute la sincérité de son cœur. Edith, interpellée, aurait juré également que sa passion pour Volmerange n'était diminuée en rien.

Quelques semaines s'écoulèrent comme par enchantement. — Avant de se quitter le soir, ils se donnaient fraternellement la main, et cependant chacun rentrait dans sa chambre avec un soupir et une espèce de tristesse indéfinissable. Une fois, Benedict dit en riant à miss Edith :

— Madame Smith, je réclame mes droits d'époux, et désire vous donner un baiser sur le front.

La jeune femme se pencha sans rien dire, et présenta sa tête soumise aux lèvres de Benedict ; le baiser porta moitié sur la peau satinée de son front, moitié sur ses cheveux soyeux et parfumés.

Puis, par un mouvement de biche effarouchée, elle rentra brusquement dans sa chambre dont elle ferma la porte.

Cette nuit-là, Benedict dormit assez mal.

Tout cela n'empêchait pas les instructions de sir Sidney d'être suivies à la lettre. Une maison de campagne, aussi voisine que le permettait la surveillance anglaise de l'habitation de l'illustre prisonnier, avait été louée, et la prétendue madame Smith s'y retira, prétextant que l'air lui manquait dans cette étroite résidence de James-Town.

Benedict resta à la ville quelques jours, s'occupant en apparence d'affaires de commerce.

Edith, comme Benedict le lui avait recommandé, accompagnée d'une servante mulâtresse, faisait chaque jour à la même heure une promenade qu'elle poussait aussi près que possible de Longwood.

— Ne manquez pas surtout d'avoir à la main ou sur votre chapeau de paille un bouquet de violettes, lui avait dit Benedict en la quittant.

Et, comme le jardin de la maison de campagne en contenait une plate-bande, rien n'était plus facile à suivre que cet ordre.

Pendant plusieurs jours, la promenade d'Edith fut inutile. Le prisonnier, malade, affaibli, ne sortait plus.

Impatient de savoir le résultat des courses d'Edith, et peut-être aussi poussé par un autre motif, sir Benedict Arundell était venu la rejoindre à la campagne, et, chaque fois qu'elle rentrait de sa promenade, il l'interrogeait ardemment; mais la réponse était toujours la même.

— Je n'ai rien vu que les aigles planant dans l'air, et les albatros coupant l'eau avec leur aile.

Enfin, un jour, au détour du chemin, Edith se trouva face à face avec le captif impérial, qui semblait marcher avec peine, suivi à distance de ses fidèles, et gardé de loin par des sentinelles rouges. Une pâleur de marbre couvrait ses traits amaigris et qui, sculptés par la douleur, avaient repris les belles lignes de leur jeunesse.

Il regarda Edith, et, souriant avec cette grâce ineffable à qui rien ne résistait, il fit deux ou trois pas vers elle et la salua.

En présence de ce dieu tombé, Edith, qui, devant l'empereur rayonnant et fulgurant, eût peut-être conservé son énergie, se troubla, pâlit, et fut presque sur le point de se trouver mal.

Le héros s'avança vers elle et lui dit d'une voix grave et douce, comme un Olympien qui parlerait à un mortel :

— Madame, rassurez-vous.

Et, remarquant le bouquet de violettes qu'elle tenait à la main :

— Il y a longtemps que je n'en ai vu de si fraîches.

Par un mouvement machinal, Edith s'inclina et les lui tendit.

— Elles sentent bon, mais moins bon que celles de France, dit le César en rendant les fleurs à la jeune femme après les avoir respirées.

Puis il salua avec une noblesse majestueuse et reprit sa route.

Éblouie de cette vision impériale, Edith revint à la maison de campagne ; et, à l'interrogation de Bénédict, elle répondit :

— Enfin, je l'ai vu !

— Qu'a-t-il dit ? Répétez-le syllabe pour syllabe.

— Il a dit que ces violettes sentaient bon, mais sentaient moins bon que celles de France. Voilà tout.

Benedict pâlit un peu, tant l'émotion que cette phrase si simple lui causa était grande.

Sans faire d'observation, il prit une lunette d'approche, une hache et se dirigea vers la roche où l'arbre désigné par sir Arthur Sidney tordait sa silhouette bizarre.

Il regarda avec sa lunette.

Un petit point blanc imperceptible — était-ce une mouette ou un flocon d'écume ? — piquait seul l'immensité bleue de l'Océan.

— C'est bien, dit Benedict.

Et il porta la hache dans le pied de l'arbre.

En deux ou trois coups, le tronc fut tranché, et l'arbre roula du haut du rocher jusque dans la mer avec un son lugubre et sourd.

XVII

A peu près en même temps que ceci se passait à Sainte-Hélène, dans l'Inde, par une nuit sans lune, à quelque distance d'Arungabad, des ombres silencieuses se glissaient à travers les djengles, le long du Godaveri, vers une vieille pagode à demi ruinée.

C'était un temple de Shiva abandonné depuis la conquête anglaise; la nature, enhardie par la solitude, commençait à reprendre ses droits sur l'œuvre de la main humaine; la poussière, entassée dans le creux des sculptures et mouillée par la pluie, avait préparé du terreau pour toutes les graines charriées par le vent; les plantes pariétaires s'étaient accrochées aux parois grenues avec leurs cheveux, leurs vrilles et leurs ongles ; des racines d'arbrisseaux, introduisant leurs pinces dans l'interstice des pierres, avaient lentement disjoint les blocs. Les mangliers, favorisés par l'humidité, multipliaient à l'entour leurs arcades de feuillage. La verdure si vivace, si touffue et si luxuriante de l'Inde, noyait peu à peu le monument et faisait de la pyramide une colline.

Vaguement entrevue dans l'ombre avec son profil ébréché et sa chevelure de broussailles, la pagode ruinée avait un aspect formidable et monstrueux : ce temple du dieu de la destruction, détruit lui-même, disait dans son silence des choses éloquemment sinistres.

La porte principale, fermée par des palissades de madriers, des éboulements et des végétations inextricablement entortillées, devait faire croire que l'édifice était désert. Cependant des lueurs errantes paraissaient quelquefois aux ouvertures à demi obstruées, et semblaient annoncer des mouvements intérieurs. En effet, les ombres dont nous avons parlé se dirigeaient vers un point de la muraille, et là s'engloutissaient en rampant. Une énorme pierre déplacée leur donnait passage, et, par des couloirs inconnus pratiqués dans l'épaisseur des murs, elles entraient dans le centre de la pagode.

Au fond d'une vaste salle soutenue par des colonnes trapues, cerclées de bracelets de granit, et portant, comme des femmes, de triples rangs de perles sculptées, et coiffées, pour chapiteaux, de quatre têtes d'éléphant, s'élevait, dans une niche encadrée d'une riche bordure d'arabesques, la statue du dieu Shiva, idole très-ancienne que ses formes archaïques rendaient encore plus terrible. Sa figure respirait la colère et la vengeance. Deux de ses quatre bras agitaient le fouet et le trident, et un collier de têtes de mort lui descendait sur la poitrine. A côté de lui, Durga, sa hideuse épouse, roulait ses yeux louches, faisait grincer ses dents d'hippopotame, crispait ses mains griffues, et, tordant son corps ceint de serpents, écrasait le monstre de Mahishasura, qui tâchait de l'envelopper dans ses immondes replis.

Encastrées dans les murailles, grimaçaient une foule d'images effroyables symbolisant la lutte ou la destruction. — Ici, le monstrueux Mana-Pralaya, à la tête bestiale, avalait une ville dans sa gueule énorme; là, Arddha-Nari, avec son chapelet de crânes et de chaînes, agitait férocement son glaive; plus loin, Maha-Kali tenait une tête coupée à chacune de ses quatre mains ; Mahadeva, à qui un fleuve sort du cerveau et dont les bracelets sont faits de vipères, luttait avec le difforme Tripurasura ; Garuda faisait palpiter ses ailes, aiguisait son bec de perroquet et ses serres d'aigle.

C'était tout ce que permettait de distinguer la lampe suspendue devant la statue de Shiva ; dans les profondeurs de la salle, baignées d'une ombre rougeâtre, l'œil ne pouvait, hors du cercle lumineux, saisir que des formes vagues, des enlacements inintelligibles, un mélange affreux de bras, de jambes, de têtes de dragon et de monstres de toute espèce.

Dans le disque éclairé se tenaient accroupis sur des peaux de tigre ou de gazelle des êtres bizarres et fantastiques ; leurs sourcils blancs et leur barbe blanche faisaient ressortir la couleur foncée de leur teint. Le cordon brahminique qui pendait à leur cou indiquait leur caste ; quelques-uns, plus austères, le portaient en peau de serpent ; tous étaient d'une maigreur ascétique : à travers l'ouverture de leur tunique, on apercevait leur poitrine sèche et leurs côtes aussi accusées que celles d'un squelette. Ils restaient là immobiles, marmottant des prières, et paraissaient attendre avec le flegme indou quelqu'un d'important qui n'était pas encore arrivé.

Derrière eux se massait une foule confuse et cuivrée, dont les premiers rangs seuls étaient visibles, ébauchés qu'ils étaient par les rayons rougeâtres de la lampe; le reste se perdait, à quelques pas, dans l'ombre dont il avait la couleur; d'instant en instant, une ombre nouvelle venait se fondre silencieusement dans les groupes.

Enfin un mouvement se fit: la foule ouvrit ses rangs, et bientôt parurent, dans l'endroit où tombaient les plus vifs rayons de la lampe, trois personnages nouveaux dont l'arrivée fut saluée par un murmure de satisfaction.

L'un était un vieux brahmine sec et jaune comme une momie, à la mine inspirée et aux yeux flamboyants, couvert d'une robe de mousseline qui lui traînait sur les talons.

L'autre était une jeune fille, aussi belle que Sacountala ou Vasatensena; un voile transparent cachait à demi son riche costume, dont on voyait sous la gaze petiller les broderies et les paillettes. En marchant, ses colliers, les anneaux de ses bras et de ses jambes rendaient un son métallique.

Quant au troisième, c'était un beau jeune homme, au teint plus clair que celui de la jeune fille, et dont les yeux offraient la particularité d'avoir des prunelles d'un bleu sombre.

Il portait le costume des guerriers mahrattes, mais beaucoup plus riche et plus orné; une cotte de mailles d'acier défendait sa poitrine et descendait jusqu'au bord de sa tunique jaune; de larges pantalons rouges arrêtés aux chevilles par une coulisse, un turban de mousseline enroulé sur une calotte de fer, complétaient son habillement.

Quelques cercles d'or jouaient à son poignet, un sabre courbe, au fourreau de velours, tout constellé d'or et de pierreries, pendait à son côté. Sur son bras gauche s'ajustait un bouclier de cuir d'hippopotame, bosselé de boules de métal. Sa main droite s'appuyait sur un long fusil incrusté de nacre, de burgau et d'argent.

Le vieux brahmine était, comme vous l'avez sans doute deviné, le Dakcha dont nous avons fait connaissance à Londres.

La jeune fille ressemblait à s'y méprendre à Priyamvada, et, quant au guerrier habillé en Mahratte, ses traits et ses yeux bleus le désignent, malgré son déguisement, pour le comte de Volmerange; en Europe, membre de plusieurs clubs; dans l'Inde, descendant des rois de la dynastie lunaire.

Dakcha s'avança vers les trois plus maigres et plus desséchés brahmines, et, prenant par la main Volmerange, il le mena sous la lampe dont la lueur lui faisait une espèce de nimbe, et le présenta aux personnages qui paraissaient les plus influents de l'assemblée.

— Il a l'air d'un Pradjati, murmura l'assistance enchantée de la bonne mine de Volmerange, d'une des dix premières créatures sorties des mains de Brahma.

Volmerange était, très-beau, avec ce costume singulier et pittoresque.

— Sarngarava, Saradouata, et vous, Canoua, dit le vieux brahme, je vous amène celui dont je vous ai parlé, le descendant des Douchmanta et des Baratha; lui seul, les dieux touchés de ma longue pénitence me l'ont révélé, lui seul peut faire renaître l'antique splendeur de notre pays; il chassera les Anglais, ces grossiers barbares qui profanent l'eau du Gange, parlent aux parias, empêchent les veuves de se brûler comme la décence l'exige, font de leur ventre le tombeau de la vie, et, monstruosité qui crie vengeance, impiété abominable, osent se repaître de la chair sacrée du bœuf et de la vache;

A ce dernier trait, un frisson d'horreur circula dans l'assemblée. Les brahmes levèrent les yeux au plafond, et un chœur sourd d'imprécations grommela dans les noires profondeurs de la pagode. Les dieux de granit, mal éclairés par le reflet vacillant de la lampe, parurent froncer le sourcil et s'agiter sur leur base.

— Tout est-il prêt pour le soulèvement? continua Dakcha; a-t-on réuni les armes, les chevaux et les éléphants?

— Les salles souterraines de la pagode, dont nul ne connaît l'existence hors notre collége sacré, sont pleines de fusils, de lances et de flèches. Des chefs mahrattes qui ne sont pas si bien domptés que les barbares d'Europe le croient, nous ont fourni des chevaux; et cinquante éléphants de guerre, parqués au milieu d'une forêt impénétrable pour qui n'en sait pas les détours, n'attendent que le signal, garnis de leurs tours et de leurs cornacs, répondit Sarngarava; la province se soulèvera comme un seul homme.

— O vénérable Trimurti, Wishnou, Brahma, Shiva, sois remerciée, toi qui m'as permis de vivre jusqu'à ce jour, tout vieux et tout cassé que je suis! dit Dakcha, dont les mains sèches tremblaient de plaisir. Oui, nous réussirons, j'en ai la certitude; nous serons aidés dans notre entreprise par les puissances célestes. Brahma me montre l'avenir : le dieu de la guerre, dans son dernier avatar, a pris la forme humaine, et il va venir à notre secours du côté de l'Occident, monté sur un aigle divin beaucoup plus grand et plus fort que l'oiseau Garuda, qui tient la foudre dans ses serres et de son bec d'acier achève les bataillons qu'a renversés le vent de ses ailes. Ce dieu tirera sept flèches sur les Anglais, qui fuiront épouvantés, et nous deviendrons maîtres des sept douipas dont se compose le monde, comme on le voit au saint livre des Pouranas.

Cette péroraison bizarre, dite avec un accent de conviction profonde, produisit beaucoup d'effet sur l'assemblée. Priyamvada, surtout, était enchantée, et croyait déjà voir arriver l'oiseau merveilleux portant le héros assis entre ses ailes.

— Barahta, nous te replacerons sur le trône de tes ancêtres, di Saradouata ; jure de combattre avec nous jusqu'au dernier soupir, et, si tu réussis, d'empêcher partout le meurtre des animaux sacrés!

— Je le jure! répondit en indostani Volmerange.

— C'est bien, dit le brahme Sarngarava. Peuple, écoutez! Celui-ci est Barahta, qui descend de Douchmanta, le roi très-glorieux et très-célèbre, le dominateur et le dompteur, qui vivait familièrement avec Aditi et Casyapa; dévouez-vous à lui, suivez-le, et obéissez-lui jusqu'à la mort. Si vous succombez dans les entreprises qu'il vous ordonnera, vous retournerez doucement dans le Pantchatouam. Les éléments reprendront sans vous faire souffrir les parcelles qui vous composent, et, après s'être épurée dans des corps charmants, votre âme, jugée digne du Moucti, s'absorbera dans la Divinité. Maintenant, dispersez-vous et trouvez-vous aujourd'hui à l'endroit marqué.

La foule s'écoula comme par enchantement. Les brahmes rentrèrent dans les murailles par des passages secrets, et il ne resta plus dans la salle que Dakcha, Priyamvada et Volmerange.

— Voulez-vous passer le reste de la nuit ici? dit le vieux brahme à Volmerange, ou préférez-vous vous remettre en route pour le camp de la montagne?

— Partons, répondit Volmerange. Cette vieille cave, avec tous ces monstres qui font la grimace, n'a rien de confortable. Donne-moi la main, Priyamvada ; car le diable m'emporte si je suis capable de faire un pas sans trébucher dans tous ces noirs détours.

Après avoir circulé quelque temps à tâtons dans un labyrinthe de passages et de couloirs que Priyamvada et le vieux brahme paraissaient connaître de longue main, ils arrivèrent à l'ouverture, et ce ne fut pas sans une secrète satisfaction que Volmerange se retrouva en plein air. La pièce qui venait de se jouer, sérieuse pour les autres, ridicule pour lui, l'avait ennuyé : il avait peine à se regarder consciencieusement comme un prince de la dynastie lunaire, et, sans Priyamvada, sa belle-amie au teint doré, il aurait très-volontiers renoncé à son trône.

L'éléphant qui avait apporté nos trois personnages attendait patiemment, gardé par son cornac, attirant avec sa trompe quelques feuillages qu'il envoyait dans sa bouche avec nonchalance, plutôt pour s'occuper que pour se nourrir.

En entendant les pas du maître, avec cette intelligence des animaux de sa race, il ploya ses jambes fortes comme des colonnes et s'agenouilla complaisamment.

Priyamvada et Dakcha grimpèrent sur les épaules de la bête colossale avec l'aisance de gens à qui une semblable monture est familière. Volmerange s'en tira moins habilement, et il fallut que la jeune Indienne lui tendît la main pour l'aider. Dans son éducation de sportsman, d'ailleurs parfaite, notre héros n'avait pas pensé à cette variété d'équitation.

Le cornac, accroupi sur le cou de l'énorme animal, le toucha de sa pointe de fer, et l'éléphant prit cette espèce de trot rhythmé ou d'amble dont la lourdeur balancée lasserait la rapidité du cheval.

De temps à autre, il tendait sa trompe dans une liane ou une branche qui eût gêné le passage, ou bien, si le chemin était trop étroit, il appuyait sa forte épaule contre le tronc d'arbre qui l'obstruait et frayait la route; d'autres fois, il couchait sous ses pieds les bambous, qui cassaient avec un bruit sec ou ployaient comme l'herbe.

Priyamvada, couchée dans le palanquin posé sur le dos de l'animal, s'était assoupie sur la poitrine de Volmerange, beaucoup plus grand qu'elle, comme ces mignonnes statues de déesses que des dieux tiennent dans leurs bras : comme Parvati sur le sein de Mahadeva, Lakshmi sur celui de Wishnou et Sarawasti contre le cœur de Brahma. Volmerange restait immobile de peur de troubler la belle enfant, et regardait l'étrange paysage qui se massait obscurément devant lui et prenait dans l'ombre des formes encore plus bizarres. Des caroubiers, des figuiers, des banians, des boababs contemporains de la création, des mangliers, des palmiers enchevêtraient leurs branches, à travers lesquelles, comme sous une noire découpure, scintillait subitement quelque étoile ou quelque morceau du ciel nocturne.

Assis à côté du cornac, Dakcha marmottait dévotement quelque oraison pour le succès de l'entreprise.

Des lueurs rougeâtres, au bout de deux heures de marche, commencèrent à briller dans les entre-colonnements des troncs d'arbre.

On approchait du camp, où déjà s'étaient réunis les premiers révoltés ; les sentinelles, entendant le froissis des feuilles et des branches repoussées par l'éléphant qui portait la triade de Volmerange, de Dakcha et de Priyamvada, vinrent reconnaître, et nos héros pénétrèrent dans le centre du campement.

C'était un spectacle des plus singuliers, à vous reporter au temps des guerres de Darius et d'Alexandre.

Un grand feu, entretenu par des broussailles, des branches et des arbres brisés, répandait dans les voûtes feuillues de la forêt une clarté fantasmagorique.

Autour du feu, rangés en cercle, cinquante éléphants, éclairés pittoresquement en dessous, se tenaient immobiles, graves et pensifs comme Ganesa, le dieu de la sagesse. A peine s'ils faisaient frissonner les plis de leurs larges oreilles, et, si de temps à autre leur trompe inquiète, subodorant dans le lointain quelque tigre en maraude ou quelque ennemi cherchant à se glisser dans le bois, ne se fût relevée vers le ciel, on eût pu les croire sculptés dans le granit comme ceux qui ornent les pagodes. Leurs dos étaient chargés de tours et leurs défenses armées de cercles de fer pour ne pas se rompre dans les chocs.

Plus loin se groupaient les Mahrattes et les autres Indiens couchés à côté de leurs chevaux et près de leurs armes suspendues aux autres arbres.

Volmerange et les deux amis n'étaient pas encore descendus de leur haute monture, qu'un cri plaintif se fit entendre, cri auquel succéda une immense clameur. Les éléphants s'agenouillèrent d'eux-mêmes pour recevoir leurs maîtres, les Mahrattes s'élancèrent sur leurs chevaux. Tout le monde courut aux armes, empoignant au hasard, qui un mousquet, qui une lance, qui un arc.

Des détonations crépitèrent à droite et à gauche ; les avant-postes, effrayés, se replièrent sur le gros de la troupe, et quelques cipayes, appuyés de soldats rouges, parurent courant d'un arbre à l'autre pour s'abriter et viser à coup sûr.

Les éléphants, poussés par les cornacs, s'élancèrent dans tous les sens, renversant les arbres, et foulant aux pieds les ennemis qu'ils rencontraient. Les Anglais (car c'étaient eux), qu'un traître avait prévenus des plans de Dakcha et du lieu de réunion des révoltés, arrivaient de toutes parts et enveloppaient le camp.

Bientôt le combat fut concentré dans l'espèce de carrefour où brillait le grand feu dont nous avons parlé, et le centre de la mêlée devint l'endroit où se trouvaient Volmerange, Dakcha et Priyamvada ; à l'acharnement avec lequel ce point était disputé, les assaillants avaient compris que c'était là que devaient être les personnages les plus importants. Huit ou dix Mahrattes, grimpés sur l'éléphant de Volmerange, faisaient un feu continu. Volmerange lui-même, aidé par Priyamvada, qui rechargeait son fusil, abattait un Anglais à chaque coup. Sa vaillante monture, prenant part au combat, poussait des cris furieux, saisissant tantôt un homme, tantôt un cheval avec sa trompe, et les jetait en l'air, ou bien, se penchant un peu, écrasait un peloton ennemi sur la paroi d'un rocher. Les balles petillaient sur son cuir, comme si des mouches l'importunaient.

Quant à Dakcha, il tenait à la main une touffe de la sainte plante cousa qu'il froissait entre ses doigts en murmurant l'ineffable monosyllabe *om*.

La confusion devenait inexprimable, les mousquets détonaient, les flèches sifflaient, les chevaux hennissaient, les éléphants vagissaient et glapissaient, les blessés se plaignaient ; la fumée, concentrée par la voûte du feuillage, flottait en nuages lourds sur les combattants.

Un gros d'Anglais, plus braves et plus résolus que les autres, essayait opiniâtrément l'escalade de l'éléphant de Volmerange ; mais la bête intelligente, acculée à un monstrueux boabab, se servait de sa trompe comme d'un fléau, et les renversait demi-morts des coups formidables qu'elle leur assenait sur la tête ; ceux qui échappaient à la trompe n'évitaient pas les balles de Volmerange ou de ses Mahrattes

Cette lutte ne pouvait durer longtemps. Priyamvada, qui rechargeait les fusils de Volmerange, fut atteinte dans la poitrine ; elle ne poussa pas un seul cri ; mais une écume rose monta à ses lèvres et signa son dernier baiser sur la main de Volmerange, qu'elle prit, et eut la force de porter à sa bouche, après lui avoir tendu son second mousquet chargé.

Le coup de Volmerange partit et tua roide l'Anglais qui avait visé la pauvre Priyamvada.

Trois des cinq Mahrattes qui s'étaient placés à côté du jeune descendant de Douchmanta avaient glissé à terre du haut de leur forteresse mouvante, tués ou mortellement blessés.

N'ayant plus de poudre, Volmerange hachait à coups de sabre le crâne des soldats et des cipayes qui s'accrochaient aux oreilles de l'éléphant ou appuyaient le pied sur ses défenses pour monter à l'assaut de sa tour.

Enfin un cipaye, rampant sur le ventre, parvint derrière la courageuse bête, et, avec un sabre affilé comme un damas, lui coupa le jarret ; l'éléphant s'affaissa sur le train de derrière, poussa un formidable hurlement, cassa, d'un coup de queue, les reins du cipaye, essaya de se relever et tomba sur le flanc.

Le corps de Priyamvada fut lancé hors du palanquin sur un tas de cadavres, ainsi que celui de Dakcha, qui, par un hasard miraculeux, n'avait reçu aucune blessure. Volmerange s'était laissé glisser derrière un arbre dont il avait pris une branche pour se soutenir dans sa chute.

Un cheval sans maître passait par là, il lui sauta sur le dos et lui mit les talons dans le ventre. Le cheval, qui était de la race de Nedji, partit comme un trait.

Dakcha n'avait pas lâché sa touffe de cousa, et se dit en reprenant son attitude :

— Cette affaire a manqué parce que j'ai été trop sensuel ; j'aurais dû me mettre cinq pointes de fer dans le dos au lieu de trois ; cinq est un nombre bien plus mystérieux.

L'éléphant, qui n'était pas mort, bien que tombé sur le flanc, chercha au loin avec sa trompe le corps de sa jeune maîtresse et le replaça pieusement sur sa housse de velours ; après quoi, il expira ; car un soldat de la Compagnie lui avait enfoncé sa baïonnette dans la cervelle au défaut du crâne.

XVIII

Le petit point blanc observé par Benédict et qui piquait de son imperceptible paillette argentée le grand manteau vert de l'Océan était bien, en effet, *la Belle-Jenny*, arrivée à son rendez-vous avec une ponctualité admirable.

Déjà, depuis deux ou trois jours, elle courait des bordées pour se maintenir à la hauteur de l'île, assez éloignée pour ne pas attirer l'attention, assez rapprochée pour être aperçue avec une forte lunette par quelqu'un averti de sa présence dans les eaux de Sainte-Hélène.

Vingt fois par heure sir Arthur Sidney montait sur le pont et braquait sa longue-vue dans la direction de la roche noire.

L'arbre rabougri dessinait toujours son maigre squelette sur le fond clair du ciel.

— Il est encore là, disait tout bas Sidney en laissant tomber sa lunette avec découragement.

Quelques minutes après, il interrogeait encore l'horizon.

Sur le sommet de la roche, l'arbre persistait dans son opiniâtre silhouette.

— Hélas! se disait Sidney, sans doute la phrase convenue n'a pu être échangée, et cette entreprise, menée avec tant de soin et de prudence, va échouer au moment de la réussite.

Et, un mouvement d'impatience fébrile, il se promenait à grands pas sur le tillac.

Il monta sur la dunette et regarda une dernière fois.

La cime de la roche découpait son arête anguleuse et chauve dans la clarté du ciel; l'arbre n'était plus à sa place!

Cette circonstance si simple, qui, pour Sidney, répondait à un monde d'idées et de projets, lui fit une telle impression, malgré son sang-froid et sa fermeté d'âme, qu'il fut obligé de s'appuyer sur le bordage : une pâleur mortelle couvrit sa belle figure; mais bientôt il se remit et descendit dans sa cabine d'un pas ferme.

Là, il écrivit sur une feuille d'épais parchemin comme une espèce de testament qu'il enferma dans une forte bouteille de verre; cela fait, il cacheta la bouteille avec une capsule de plomb et la mit dans le canot qu'il avait fait construire sur la côte d'Afrique par le charpentier du navire, d'après le petit modèle dont nous avons parlé.

Lorsque la nuit fut venue, il ordonna de mettre le canot à la mer.

Saunders et Jack prirent chacun un aviron ; Sidney se mit au gouvernail, et l'embarcation se dirigea du côté de l'île.

Parvenus à une distance où les vigies auraient pu apercevoir le canot, Sidney, Saunders et Jack rentrèrent dans une petite chambre pratiquée sous le pont ; car ce canot, d'une construction toute particulière, était ponté.

L'écoutille fermée soigneusement, Sidney poussa un bouton, et le canot commença à s'enfoncer et descendit, jusqu'à ce que l'eau se refermât sur lui en formant un remous. Des espèces de nageoires mues de l'intérieur remplaçaient les rames et donnaient l'impulsion à cette embarcation sous-marine, que des plaques de verre placées près de la proue permettaient de diriger.

Un tuyau de cuir aboutissant à une bouée flottante, qui ressemblait à s'y méprendre à un de ces débris que charrient les vagues, renouvelait l'air dans l'étroite cabine; un compartiment que l'on submergeait ou que l'on vidait à volonté au moyen d'une pompe faisait l'effet de la vessie gazeuse du poisson, et donnait la facilité de descendre ou de se maintenir à la même hauteur.

Quand ils furent dans l'ombre projetée par les hautes falaises qui cerclent l'île, ce qu'ils comprirent à la teinte plus rembrunie de la mer, nos navigateurs revinrent à la surface : le canot à moitié submergé et dont les vagues lavaient le pont eût pu être pris, si on l'eût aperçu, pour une jeune baleine ou un requin voyageant à fleur d'eau.

Ils approchèrent ainsi de la roche au pied de laquelle

les lames jouaient encore avec la carcasse effeuillée de l'arbre coupé par Benedict, l'amenant au large, la rejetant à la rive avec mille jeux d'écume.

Sidney sortit avec précaution de l'écoutille, sauta à terre sur une mince plage sablonneuse, et, s'accrochant à quelques aspérités du roc, il gagna une plate-forme à plusieurs toises au-dessus du niveau des plus hautes vagues, et s'assit, prêtant l'oreille au moindre bruit.

Pendant quelques minutes, il n'entendit rien que la respiration de l'Océan soupirant sa plainte profonde, et les battements d'ailes des oiseaux de mer, inquiets de la présence nocturne d'un homme dans cette âpre solitude. Bientôt quelques cailloux, détachés de la portion supérieure de la roche, roulèrent en rebondissant sur la pente rapide et tombèrent dans l'eau.

Une forme noire, profitant des touffes de broussailles semées çà et là et des anfractuosités du granit, descendait avec précaution la paroi presque verticale et se dirigeait vers Sidney.

Bien que ce rendez-vous fût convenu depuis longtemps, de peur d'une de ces trahisons invraisemblables qui arrivent toujours dans ces sortes d'entreprises, sir Arthur Sidney arma dans ses poches deux petits pistolets dont le chien rendit un craquement sec qui arrêta la forme noire dans sa descente.

— Le crabe marche de travers, mais il arrive, dit une voix basse mais distincte.

— Ah! c'est vous, Benedict, reprit sur le même ton sir Arthur Sidney.

— C'est moi, répondit Benedict en s'asseyant à côté d'Arthur Sidney.

— Eh bien? dit Sidney d'un ton où palpitaient à la fois mille interrogations.

— A l'aspect du bouquet de violettes, il a prononcé la phrase convenue.

— Bon! Alors, nous allons agir.

— Ce n'est pas tout : le soir même, un billet écrit dans le chiffre dont lui, vous et moi possédons seuls la clef, a été lancé par une main inconnue dans la chambre d'Edith. Ce billet contenait ces mots : « César est trop souffrant pour se risquer dans cette entreprise, et la remet aux premiers jours du mois prochain, la nuit du 4 au 5. »

— Encore vingt jours d'attente! s'écria sir Arthur Sidney; mais il ne sait donc pas que cet air est mortel, et qu'ici Prométhée n'aurait pas besoin de vautour pour lui ronger le foie ? Mais êtes-vous sûr du billet ? Nous marchons environnés de tant de piéges!

— Je l'ai apporté. Vous l'examinerez, dit sir Benedict Arundell en tendant à son ami un papier plié en quatre.

— Adieu, Benedict! Dans vingt jours, je serai ici, dit Sidney ; je regagne mon bateau sous-marin et vais courir quelques bordées avec *la Belle-Jenny*. Dans vingt jours, l'Angleterre sera lavée de la tache d'Hudson Lowe.

Benedict remonta vers le sommet de la falaise, Sidney descendit vers la plage, où le canot à demi émergé l'attendait; et, sur ce roc, redevenu désert, la mer continua à jouer avec l'arbre qu'elle déchiquetait.

Au jour marqué, *la Belle-Jenny* reparut à l'horizon ; mais le ciel était sombre et menaçant. D'immenses nuages noirs se déployaient comme des draperies funèbres ; l'Océan, remué jusque dans ses profondeurs, se soulevait et poussait des sanglots, et dans le vent semblaient gémir les strophes de désolation d'un chœur invisible; on eût dit que les trois mille océanides venaient pleurer sur le titan!

Sainte-Hélène, au milieu de l'écume qui fumait autour d'elle comme les trépieds autour d'un catafalque, avait l'air plus lugubre encore que d'habitude. L'orage lui mettait au front un sinistre diadème d'éclairs.

Déjà des signes avaient eu lieu dans le ciel comme à la mort de Jules-César et de Jésus-Christ. Une comète sanglante avait traîné sa queue au-dessus de l'île maudite, et les nuages, incendiés par les fournaises du couchant, prenaient l'aspect de grands aigles agitant dans la flamme leur envergure gigantesque. Mais jamais la nature, ordinairement si impassible, n'avait paru si palpitante, si effarée, si hors d'elle-même que ce soir-là.

L'Océan envoyait au ciel ses larmes amères, le ciel pleurait avec ses cataclysmes, et la tempête résumait dans sa grande voix le cri de désespoir de toute l'humanité.

Quelque intrépide qu'il fût, sir Arthur Sidney se sentit troublé et découragé devant cette formidable tristesse des éléments. Que se passait-il donc pour mettre ainsi la nature en deuil? quelle grande âme près de s'envoler en emportant avec elle la pensée du monde, quel Dieu en criant sur sa croix le *Lamma Sabacthani* des suprêmes convulsions, causaient cette immense ululation du vent et des flots? Il tremblait de se répondre, et, en entrant dans le canot, il était pâle comme un marbre, ses tempes ruisselaient de sueur froide, ses dents claquaient, et ce n'était certes pas le danger matériel qui le préoccupait.

Le canot, hermétiquement fermé, s'enfonçait dans les abîmes des vagues, remontait sur leur crête, et s'avançait, tantôt plongeant, tantôt nageant, vers le rocher où avait eu lieu la dernière entrevue de Benedict et de Sidney. Une embarcation ouverte eût été infailliblement submergée.

La difficulté était de ne pas se briser contre la muraille de granit et d'atterrir juste sur la petite plage sablonneuse : Sidney et ses deux matelots faisaient les efforts les plus prodigieux. L'air commençait à leur manquer, malgré la précaution du tuyau; leurs poumons se gonflaient dans leur poitrine, cherchant le fluide vital. Leur lampe pâlissait et grésillait péniblement. Jack et Saunders agitaient d'un poignet lassé les manivelles des palettes, et Sidney pompait activement pour ramener la barque à la surface,

Les vagues déferlaient contre la ceinture de roches de la côte avec un fracas effrayant et pesaient lourdement contre les parois du canot qu'elles roulaient dans leurs volutes.

— Allons, se dit Sidney en lui-même, nous sommes perdus !

Et il regarda ses deux compagnons aux dernières scintillations de la lampe.

Il lut la même pensée sur leur mâle visage.

— Milord, dit Jack, il est tout de même désagréable d'être noyé comme des rats dans une souricière ; mais, quand la bière est tirée, il faut la boire.

Saunders acquiesça d'un signe de tête à cette idée délicate.

Un mouvement de rage saisit Sidney. Périr aussi misérablement à cause d'une tempête stupide, au moment d'accomplir ce plan auquel il avait tout sacrifié ! Il se passa en lui une de ces révoltes forcenées de l'intelligence contre la force brutale, de l'âme contre l'élément, et il prononça dans son cœur un de ces blasphèmes que les géants durent rugir sous la foudre.

La lampe s'éteignit.

Jack et Saunders dirent :

— Bonne nuit ! la chandelle est soufflée.

Le canot talonna fortement, et Sidney, s'élançant au panneau d'écoutille, fit entrer, avec une lame d'eau, une bouffée d'air. La quille s'était engravée dans le sable, et, comme les saillies du rocher rompaient la vague, l'eau était moins turbulente à cet endroit qu'ailleurs. Sidney put sauter à terre avec un bout de corde et attacha le canot à un énorme bloc de granit tombé là par suite de quelque éboulement. Jack et Saunders eurent bientôt imité Sidney, et ils montèrent tous les trois sur la plate-forme où Benedict était venu trouver son ami à la dernière visite.

Là, ils n'avaient pas à redouter d'être emportés au large par la retraite de la houle ; la tempête ne pouvait leur envoyer que l'insulte de son écume.

Ils restèrent deux heures sur le rocher, ruisselants, éblouis d'éclairs, trempés par la brume salée que le vent arrache aux flots en tumulte, Jack et Saunders, avec l'impassibilité dévouée de dogues attendant les ordres du maître, sir Arthur Sidney nerveux, tremblant, presque convulsif, comptant chaque minute comme une éternité, se mordant les lèvres, se labourant la poitrine avec les ongles pour se faire prendre patience.

La nuit s'avançait, la tempête s'apaisait peu à peu. La mer fatiguée laissait retomber ses lames.

— Que font-ils donc? murmura Sidney. Le jour va paraître bientôt.

En effet, l'aurore raya le bas du ciel d'une barre de lumière blafarde, puis le soleil sanguinolent montra, au-dessus des flots montueux et frémissant encore des colères de la nuit, son disque échancré par la ligne onduleuse de l'horizon.

La Belle-Jenny se balançait dans le lointain.

Il faisait jour et l'empereur n'était pas venu.

XIX

— Et Benedict qui me laisse sans nouvelles! Que peut-il donc être arrivé? Quel obstacle imprévu a fait manquer notre plan si bien concerté? se disait sir Arthur en arpentant l'étroite plate-forme pour réchauffer ses membres glacés par la fraîcheur de la nuit. Oh! mon Dieu! vivre si longtemps d'une idée, d'une espérance, s'y consacrer avec le dévouement le plus absolu, l'abnégation la plus entière, renoncer pour elle à l'amour, à la famille, à l'amitié! pour alimenter sa flamme, lui offrir en holocauste tous les sentiments humains, lui faire le sacrifice de son génie, mettre à son service la puissance d'une volonté inflexible, des forces qui renverseraient le monde, et puis, au moment de la réalisation, être misérablement empêché par je ne sais quel obstacle imbécile : hier une tempête absurde, ce matin un incident niais que je ne connais pas, une clef qui ne s'ajuste pas à la serrure, un soldat séduit à qui il vient des scrupules après avoir touché l'argent et qui veut le double, moins que cela peut-être, car nul ne peut prévoir les mille résistances bêtes des choses aux idées et de la matière à l'esprit.

Tout en débitant ce monologue intérieur, Sidney gesticulait fébrilement. Tout à coup, il s'arrêta, croisa les bras sur sa poitrine et resta quelques instants dans une attitude de rêverie profonde.

— Si le hasard avait une volonté! Oh! reprit-il après une pause, la mienne la vaincra.

Pendant que Sidney se livrait à ses pensées, Jack et Saunders, personnages beaucoup moins rêveurs, faisaient passer leur chique de leur joue droite à leur joue gauche et réciproquement, et regardaient la mer de cet œil attentif et distrait en apparence avec lequel le matelot ne peut s'empêcher d'observer, même lorsqu'il est à l'abri de ses atteintes, l'élément dont sa vie dépend.

La tempête s'était calmée, et le canot, la proue ensablée et maintenu par le câble, n'était plus soulevé du côté de la poupe que par des ondulations assoupies.

— Allons, Saunders, grimpe le long de cette roche et mets-toi en vigie là-haut. Toi, Jack, entre dans le canot et pompe l'eau qui peut avoir pénétré dans la cabine.

Les deux matelots se séparèrent pour exécuter les ordres de Sidney. L'un monta et l'autre descendit.

L'idée qu'un homme eût pu se hisser au sommet de cet escarpement eût d'abord paru absurde ; mais, en y regardant de plus près, la roche était moins verticale qu'elle ne le paraissait d'abord. Des pentes formaient rampe, des repos semblaient avoir été ménagés par la main industrieuse de la nature. Aux endroits les moins accessibles, des broussailles, des ronces ou des filaments de plantes offraient des points d'appui. Aussi Saunders eut-il bien vite opéré son ascension ; mais la campagne était déserte au loin, et il fit signe à Sidney qu'il ne découvrait rien.

Jack eut bien vite vidé le canot, qui n'avait pas souffert d'avaries, malgré les rudes secousses de la veille.

Si l'empereur venait, rien encore n'était perdu.

Mais la journée se passa sans que personne parût ; ce que souffrit Sidney pendant ces mortelles heures d'attente, nul ne peut l'exprimer. Vers le milieu de la journée, il se dit :

— Ce sera pour ce soir ; sans doute la tempête d'hier aura fait penser que je ne viendrais pas. Le vent était si fort et la mer si affreuse! C'est cela ! il faut que je sois bien stupide de n'avoir pas d'abord pensé à cette raison : en effet, il n'y avait qu'un fou comme moi qui pût se risquer par un temps pareil.

Cette idée le soutint jusqu'au soir. Il reprit même assez de calme pour manger un peu de biscuit et avaler une gorgée de rhum, que Jack tira pour lui de la cabine du canot.

Saunders n'avait rien aperçu du haut de son observatoire. *La Belle-Jenny*, inquiète de ne pas voir rentrer le canot, s'était rapprochée de l'île peut-être plus que la prudence ne le permettait et courait des bordées en faisant des signaux.

— Quoique je sois en proie à la plus poignante inquiétude, pensait Sidney, Benedict a bien fait de ne pas venir m'apprendre la cause de ce retard ; ces allées et venues auraient pu exciter les soupçons ; la surveillance est si active dans cette île damnée ! La moindre imprudence eût compromis cette occasion suprême.

La journée s'écoula dans ces alternatives pour Sidney, avec des transes et des angoisses si vives, que les mèches de cheveux de ses tempes en devinrent blanches.

Le soir arriva et le soleil s'enfonça degré par degré à l'autre bout de la mer, après avoir traversé plusieurs étages de nuées comme une bombe crève les planchers d'un édifice. La sanglante traînée de ses reflets s'allongea sur le fourmillement lumineux des flots, puis s'éteignit, et la nuit tomba avec cette rapidité particulière aux régions tropicales.

Ces heures noires semblèrent à Sidney plus longues que des milliers d'éternités, et il faut renoncer à peindre une nuit pareille ; l'attente, l'inquiétude, la rage, le désespoir, les suppositions les plus opposées prirent pour champ de bataille l'âme du malheureux Sidney et y trépignèrent jusqu'au matin en luttant ensemble.

Une idée traversa le cœur de Sidney, et il se sentit froid dans sa poitrine comme au contact d'une lame de poignard.

— L'empereur se serait-il défié de moi ? s'écria-t-il. C'est juste, je suis Anglais, poursuivit-il avec un rire amer et qui touchait presque à la folie. Ou serait-il plus malade ?

Et, sans prendre aucune précaution, au risque de couler dix fois dans la mer, des pieds, des mains se suspendant aux saillies et aux broussailles, enfonçant ses ongles dans les parois lisses, il parvint en quelques minutes au faîte du rocher, et, de là, se mit à courir dans la direction de Longwood.

Les alentours de la résidence présentaient un aspect inaccoutumé. La tempête de la nuit précédente avait arraché et brisé tous les arbres, qui gisaient le feuillage souillé et les racines en l'air. Je ne sais quoi de sombre, de solennel et d'irréparable planait sur l'humble édifice, autour duquel se manifestait une activité discrète, une silencieuse agitation.

Les sentinelles, appuyées sur leur mousquet, n'envoyaient plus de qui-vive, et semblaient s'être relâchées de leur surveillance. Immobiles à leur place, elles accomplissaient nonchalamment un devoir inutile, plutôt par obéissance à la consigne militaire que par nécessité.

Des officiers passèrent près d'elles et ne leur reprochèrent pas leur négligence. Des habitants de l'île allaient et venaient sans être empêchés, et Sidney put franchir la ligne de surveillance, et personne ne prit garde à lui.

Il approcha de Longwood ; des hommes et des femmes, suspendant leurs pas, parlant à demi-voix, l'air consterné, entraient dans l'habitation et en ressortaient au bout de quelques minutes, plus pâles qu'auparavant et les yeux rougis.

Sir Arthur Sidney, le cœur serré d'affreux pressentiments, les jambes chancelantes, s'appuyant au mur de la main, vacillant et comme ivre du vin de sa douleur, suivit le flot de la foule sans trop savoir ce qu'il faisait.

Après quelques détours, un spectacle d'une majesté navrante s'offrit à ses yeux.

Couché dans son manteau de guerre plutôt comme un soldat qui se repose pour la victoire du lendemain que comme un corps acquitté de la vie, Napoléon, étendu sur son lit de parade, revêtu de l'uniforme des chasseurs de la garde, la poitrine couverte de décorations et de plaques étincelantes, sa bonne épée allongée près de son flanc en amie fidèle, faisait son premier rêve d'éternité. Une singulière expression de sérénité et de bienveillance planait sur son masque de marbre pâle, que les convulsions de l'agonie avaient respecté. Tout ce que l'ivresse du triomphe ou la douleur du revers, les fatigues de la pensée ou de la souffrance peuvent laisser de traces matérielles ou misérables sur le visage humain, s'était évanoui.

Ce n'était plus le cadavre d'un homme, c'était la statue d'un dieu : l'enveloppe terrestre touchée par la mort laissait transparaître la portion céleste ; le cachot était devenu un temple et la chambre funèbre un Olympe. Christ sur sa croix, Prométhée sur son roc, n'eurent pas une tête plus noble et plus belle.

Grande âme impériale, oh ! qu'avez-vous vu pendant ces premières heures de votre immortalité ? Qui osa venir à votre rencontre pour vous mener à Dieu ? Alexandre, Charlemagne, Jules César, votre bien-aimé Lannes, qui n'invoquait que vous en mourant, ou encore votre cher Duroc, ou bien quelque pauvre grenadier obscur de votre vieille garde, qui a trouvé son sang bien payé en voyant que vous saviez son nom ?

A cette vue, Sidney eut un éblouissement, les ailes du vertige battirent à grand bruit dans sa tête. Il fit quelques pas en chancelant, et, tombant à genoux à côté du lit de parade, il baisa cette main glacée qui avait tenu le sceptre du monde ; on le laissa faire, les baisers ne ressuscitent pas ; — seulement, comme il restait un peu trop longtemps abîmé dans sa douleur, on le poussa avec la crosse d'un fusil pour qu'il fît place à d'autres.

Il sortit livide, anéanti, pouvant à peine se traîner, plus semblable à un fantôme qu'à un homme, vieilli de vingt ans en une minute; ses yeux hagards erraient autour de lui, tantôt vagues, tantôt se fixant sur un objet insignifiant avec une opiniâtreté puérile. L'empereur mort, Sidney s'étonnait d'être encore vivant. Il trouvait étrange que le soleil éclairât encore, que les montagnes n'eussent pas changé leurs formes, et que la nature continuât son œuvre! Quant à lui, il était faible comme après une longue maladie, le jour lui faisait baisser les paupières, l'air l'étourdissait. Ses facultés, tendues depuis si longtemps vers le même but, s'étaient brisées subitement; cette volonté si ferme, si puissante, n'avait plus de nord et palpitait comme une boussole affolée; un immense écroulement s'était fait en lui.

Son corps, par un vague ressouvenir, le mena vers la maison de campagne d'Edith; il poussa la barrière du jardin, entra dans le parloir et s'affaissa sur une chaise sans dire une seule parole. Edith, dont une robe noire faisait encore ressortir la pâleur, s'avança vers lui silencieusement et lui prit la main.

A ce témoignage de sympathie, les larmes de Sidney,

qui ne demandaient qu'à jaillir, se firent jour avec impétuosité à travers les doigts de la main restée libre, dont il s'était couvert les yeux. Benedict entra dans ce moment et expliqua à Sidney comment il ne s'était pas trouvé au rendez-vous : il avait été interrogé et retenu à cause des soupçons éveillés par ses démarches. La mort de l'empereur et l'absence de toutes preuves l'avaient fait relâcher aussitôt.

Ces explications, Sidney ne les écoutait guère. Elles n'avaient désormais plus de but.

Il resta encore deux jours dans l'île, et, voulant se rassasier de sa douleur jusqu'au bout, il suivit le cortége funèbre dans la vallée du Fermain, où descend du pic de Diane ce ruisseau qui plaisait à l'empereur et où s'inclinent les saules dont les feuilles sacrées se sont éparpillées depuis sur l'univers. Il regarda les soldats anglais porter le cercueil sur leurs épaules, il le vit descendre dans la fosse maçonnée, et ne se retira que lorsque la pierre étroite et longue se fut abaissée sur la noire ouverture.

Par tous ces détails funèbres, attentivement suivis, il voulait se convaincre de la réalité de son malheur ; il avait peur de croire, dans quelque temps, que l'empereur n'était pas mort ; il sentait déjà cette chimère lui naître dans l'esprit, bien qu'il l'eût vu mort sur son lit de parade et qu'il eût touché sa main glacée ; il voulait avoir à opposer à son rêve l'image des funérailles et du tombeau.

Comme il remontait la colline du côté d'Hutsgate, il se retourna une dernière fois pour voir, sous le pâle ombrage des saules, la pierre neuve et blanche, et dit :

— Mon âme est enterrée avec ce corps.

Au même moment, un homme vêtu de deuil et parlant anglais avec l'accent de France tendit un papier à Sidney et lui dit :

— De la part de celui qui n'est plus, prenez ceci.

Sidney ouvrit l'enveloppe cachetée de noir.

Elle contenait une petite mèche de cheveux soyeux et fins, et un billet où étaient écrits ces mots :

« Consolez-vous, nul ne peut prévaloir contre Dieu.

» N. »

Quand Sidney releva les yeux, l'homme qui lui avait remis le papier avait disparu.

Sir Arthur Sidney s'assit sur le revers de la colline et tomba dans une rêverie profonde. Quand il se releva, sa figure avait repris une expression plus calme;

un changement s'était opéré dans son esprit. Il retourna chez Benedict et lui dit :

— Pardon, ô toi que j'ai détourné du bonheur pour t'associer à mon œuvre chimérique ! je te rends ton serment.

Et il tira de son portefeuille la feuille jaunie, qu'il déchira et jeta aux pieds de Benedict.

— Retourne en Europe, tu es libre, aucun lien ne te rattache plus à notre association mystérieuse. Suis la pente de ton cœur, sois heureux ! Ne cherche pas à raturer le livre du destin ; d'autres mains que les nôtres tiennent les fils des événements, et peut-être ce qui nous paraît injuste est-il l'équité suprême ! Quant à moi, le char de ma vie est sorti de son ornière et ne peut plus y rentrer : je n'étais bon qu'à une chose. Cette chose est manquée, c'est fini : que l'on m'enterre aujourd'hui ou après-demain ou plus tard, peu importe, je suis mort. Idée, sentiment, volonté, tout a fui, tout s'est évaporé. Maintenant, bonne Edith, tâchez de vous trouver un motif de vivre... Peut-être est-il déjà trouvé ?

Ici, sir Arthur Sidney regarda fixement Edith, qui ne pût s'empêcher de rougir un peu.

— Aimez quelqu'un ou quelque chose, un homme, un enfant, un chien, une espèce de fleurs, mais jamais une idée, c'est trop dangereux.

Ces paroles prononcées, Sidney serra les mains de son ami et reprit le chemin de la roche noire, où Saunders et Jack, qui avaient usé leur provision de tabac, commençaient à s'ennuyer beaucoup.

Arundell et miss Edith, restés seuls dans l'île, ne pressèrent pas leur départ autant qu'on aurait pu le croire d'abord, bien que Saint-Hélène soit un séjour maussade. Edith, jetée à la mer par son mari, n'avait pas grande hâte de retourner en Europe; Benedict, quoiqu'il se prétendît et se crût toujours extrêmement amoureux d'Amabel, ne s'ennuyait nullement dans ce cottage, qu'un marchand de la Cité eût trouvé inconfortable, mais qu'éclairait la présence d'Edith. La jeune femme s'étonnait de son côté de penser si peu à Volmerange, et tous deux faisaient des efforts incroyables pour retenir dans leur cœur ces amours qui s'échappaient.

Déjà Benedict ne retrouvait plus dans sa mémoire les traits charmants de sa belle fiancée; il s'y mêlait toujours quelque chose d'Edith; tantôt le doux regard voilé, tantôt le sourire tendre et mélancolique : ces deux images finirent par s'embrouiller tout à fait. Il en était de même pour Edith. Dans ses rêveries, quand elle évoquait Volmerange, c'était bien souvent Benedict qui paraissait. Au bout de quelque temps même, Volmerange se refusa complétement à l'appel : Edith commençait à trouver qu'un mari qui noyait sa femme aussi sommairement n'était peut-être pas l'idéal des époux.

Cela n'empêchait pas les deux jeunes gens de se promettre, dans leur conversation, une grande joie de leur retour à Londres, où Benedict finirait d'épouser Amabel, et miss Edith, suffisamment punie, se réconcilierait avec son terrible mari.

Ces entretiens, commencés gaîment, finissaient en général d'une manière assez mélancolique. Benedict trouvait désagréable l'idée d'Edith retournant chez Volmerange ; Edith était médiocrement charmée en pensant au bonheur qui attendait son ami près de miss Vyvyan.

Telles étaient les pensées qui occupaient le jeune couple à Sainte-Hélène, et, à deux pas de la maison, le saule pleurait sur la plus grande tombe du monde, si toutefois il y a une différence entre les tombeaux.

Cette nuance de sentiment les occupait bien plus que le contre-coup de cette mort sur les destinées de la terre, et même, lorsque, le soir, ils allaient à la vallée du Fermain contempler la tombe du titan, écouter le ruisseau bruire à l'angle de la pierre funèbre et voir le vent emporter les feuilles pâles de l'arbre mélancolique, c'était à eux-mêmes qu'ils songeaient. Une boucle de cheveux se déroulant sur le col d'Edith, et faisant ressortir par son vigoureux ton châtain la pâleur rose de sa joue, distrayait Benedict des vastes pensées que doit inspirer la tombe du plus illustre des capitaines, et le regard admiratif de Benedict séchait promptement dans les beaux yeux d'Edith les larmes qu'y faisait naître le souvenir du grand captif.

Ils avaient d'abord pensé à écrire en Angleterre pour prévenir de leur retour ; mais ils se ravisèrent et se dirent qu'il valait mieux tomber inopinément au milieu de la douleur générale. C'était une expérience philosophique à faire : on jugerait ainsi de la force et de la sincérité des regrets. On verrait si la place laissée vide était déjà remplie, ou si la fidélité avait été gardée en Europe comme en Afrique : Amabel devait être en pleurs, Volmerange dévoré de remords. Cependant, s'il n'en était pas ainsi ! si miss Vyvyan, choquée de l'inexplicable disparition de Benedict, lui avait retiré son cœur ! et si Volmerange n'éprouvait pas le moindre regret d'avoir laissé choir sa femme dans la Tamise ! Quel parti prendre ? Nos deux innocents tartuffes n'osaient pas convenir, dans leur for intérieur, qu'ils en seraient enchantés, et que le parti à prendre serait de continuer à s'aimer en se l'avouant, comme ils l'avaient fait depuis deux mois sans se l'avouer.

Ils laissèrent passer un ou deux vaisseaux allant de Calcutta à Londres, et enfin ils se décidèrent à monter sur le troisième, fin voilier, en bois de teck, doublé, cloué et chevillé en cuivre, qui les mit en six semaines à Cadix, d'où ils continuèrent leur voyage par terre, visitant l'Andalousie, Séville, Grenade, Cordoue, sous cette commode dénomination de M. et Madame Smith. Tout le monde les croyait mariés. Quelques mauvaises langues, en les voyant si unis, prétendaient que c'était deux jeunes amants qui promenaient la lune de miel de leur bonheur. Leurs oreillers seuls savaient la vérité ; ils étaient éperdument amoureux, et l'ange de la pudeur eût pu assister à leur vie. Seulement, ils ne se dépêchaient guère de revenir, et, de mosquée en cathédrale, d'alcazar en palais, de tertulia en course de taureaux, ils mirent quatre mois à traverser l'Espagne, et arrivèrent à Paris juste pour la saison d'hiver. Quand ils n'eurent plus de prétextes plausibles à se donner pour tarder encore, comme ils étaient très-consciencieux, un soir il se dirent : « Ne serait-il pas temps d'aller à Londres et de voir si nous sommes aimés et pardonnés, ou remplacés et maudits ? »

L'idée de revoir ce qu'ils prétendaient aimer le mieux au monde les rendit si tristes, qu'ils se sentirent près de fondre en larmes et de se jeter dans les bras l'un de l'autre pour ne plus se quitter. Mais la position devenait embarrassante, et sir Benedict Arundell ne pouvait plus toujours s'appeler M. Smith, et lady Edith Harley, comtesse de Volmerange, madame Smith, nom tout à fait prosaïque et vulgaire.

Le lendemain, ils demandèrent des chevaux de poste pour Calais, et, quelques heures après, ils attendaient sur la jétée le départ du paquebot.

XX

Le cheval accroché au passage par Volmerange était de noble race et léger comme le vent ; en quelques minutes, il emporta son cavalier hors du centre de la bataille, ou plutôt de la boucherie, car ce n'était plus qu'un massacre confus d'eléphants, de chevaux et d'hommes. La déroute était complète.

Pendant quelque temps, Volmerange entendit hurler les éléphants dans le lointain, et vit, sur le terrain rougi par les reflets du bois incendié, galoper devant lui l'ombre de son cheval comme un monstre fantasmagorique qu'il aurait poursuivi ; le cheval lui-même s'irritait de cette ombre difforme, s'élançait avec fureur et penchait la tête pour la saisir aux dents.

Peu à peu les fuyards qui, dans les premiers élans de la course de Volmerange, galopaient à ses côtés, étaient restés en arrière : le cri des éléphants ne se faisait plus entendre, et la nuit avait repris sa couleur bleuâtre. Volmerange courait toujours à fond de train le long du Godaveri. Son cheval, avec un instinct merveilleux, évitait les fondrières, sautait par-dessus les troncs d'arbres renversés, devinait les terrains peu solides, et cela, sans ralentir aucunement sa rapidité.

Après avoir mis cinq ou six lieues entre le champ de bataille et lui, Volmerange diminua le train de sa monture, et, guidé par une lumière qui brillait au bord du fleuve, il arriva à la cabane d'un pêcheur occupé à raccommoder ses filets, et qui se prosterna devant lui après l'avoir aidé à descendre de cheval.

Un banc recouvert de saptaparna s'adossait à la hutte ; le comte s'y assit, et, s'adressant au pêcheur en idiome indostani, il lui demanda s'il ne pourrait lui donner d'autres vêtements et lui procurer une barque pour descendre le fleuve.

— Je le puis, répondit le pêcheur, qui avait reconnu

sa qualité à ses insignes ; mais Votre Seigneurie ne voudra peut-être pas revêtir l'humble habit d'un pauvre Indien de la dernière caste, d'un misérable soudra qui n'est pas digne de balayer avec son front la poussière de votre chemin.

— Plus l'habit sera misérable, plus il me convient, dit Volmerange en entrant dans la cabane.

Aidé par le pêcheur, il se débarrassa de son costume guerrier et revêtit le modeste sayon, sous lequel il eût été difficile de reconnaître le brillant chef de l'insurrection. Le pêcheur, par surcroît de prudence, lui conseilla de se brunir la figure et les mains avec du jus de coloquinte, car son teint un peu blanc aurait pu le trahir.

Ces précautions prises, le pêcheur détacha sa barque, et le cheval, qui s'était avancé jusqu'au bord de l'eau, voyant qu'on n'avait plus besoin de lui, s'élança, après avoir humé l'air bruyamment, du côté de la colline où se trouvait sans doute son pâturage.

Nous ne suivrons pas jour par jour Volmerange dans sa navigation, qui fut longue ; bornons-nous à dire qu'il regagna heureusement la côte, et, après avoir récompensé le pêcheur avec une des pierres précieuses qui ornaient la poignée de son sabre, il monta sur un vaisseau français qui naviguait dans le golfe du Bengale et s'était arrêté à l'embouchure du fleuve pour faire de l'eau.

Comme il revenait seul, ou tout au plus accompagné par le souvenir de deux femmes mortes, Edith noyée par lui et Priyamvada tuée à ses côtés par une balle, il ne mit pas, à beaucoup près, quoique la distance fût grande, le même temps à revenir en Europe qu'Edith et sir Benedict Arundell.

Une force secrète le ramenait malgré lui à Londres, d'où tant de raisons auraient dû l'éloigner. Peut-être obéissait-il à ce magnétisme singulier que les hommes ressentent comme les animaux, et qui les fait revenir au même endroit après chaque violente attaque de la destinée qui les en a fait sortir, comme des taureaux dans la place, qui retournent toujours à leur *querencia* jusqu'à ce qu'ils meurent.

La fin malheureuse de Priyamvada, quoique, dans le tumulte des événements, il n'eût pas eu le temps de la pleurer comme elle le méritait, avait beaucoup frappé le comte. Il se voyait comme circonvenu par une espèce de noire fatalité, et se résolut à vivre solitairement, de peur de porter malheur à ceux qu'il aimerait.

Il vivait donc isolé, ne sortant que le soir, ou n'allant que dans les endroits déserts, non qu'il eût besoin de se cacher, car, avant de partir pour l'Inde, il avait envoyé à lord et lady Harley les lettres d'Edith, avec ces mots au bas : *Justice est faite.* Cette fable avait été répandue par la famille que la jeune femme, emmenée en Italie par le comte pour savourer incognito les joies de la lune de miel, était morte à Naples, d'une fièvre gagnée dans les marais Pontins.

Cela n'avait rien de précisément invraisemblable, et le monde, qui ne s'occupe pas beaucoup de ceux qu'il ne voit pas, s'était contenté de cette raison spécieuse, que la douleur de lord et de lady Harley rendait d'ailleurs très-croyable.

Un soir, le comte de Volmerange se promenait dans la partie la plus déserte d'Hyde-Park.

Une jeune femme, suivie à quelque distance d'un domestique en livrée et dont la mise élégante et riche annonçait une personne appartenant à la plus haute aristocratie, marchait d'un pas léger le long de la pièce d'eau qui s'étend dans cet endroit solitaire du parc où ne passent ordinairement que les amoureux, les poëtes et les mélancoliques, et quelquefois aussi les voleurs; car un homme de fort mauvaise mine, sortant tout à coup d'un massif d'arbres, s'élança vers elle, et, saisissant son châle, que retenait une forte épingle de pierreries, fit des efforts pour arracher ce riche tissu.

Le domestique accourut; mais un coup de poing appliqué en pleine face, d'après les plus saines règles de la boxe, l'envoya rouler à quatre pas, le nez saignant et la bouche meurtrie.

Le voleur tirait toujours le châle à lui et la jeune femme, presque étranglée, pouvait à peine appeler au secours par de faibles cris étouffés dans sa gorge.

Arrivé au détour de l'allée, Volmerange vit le groupe aux prises, et, d'un bond tombant au milieu de l'aventure, rétablit l'équilibre par un coup de canne en travers qui coupa la figure du voleur comme un coup de sabre, et le fit s'enfuir, hurlant de douleur malgré l'intérêt qu'il avait à se taire.

La jeune femme avait éprouvé une frayeur si vive, qu'elle chancelait sur ses jambes et que Volmerange fut obligé d'abandonner la poursuite du larron pour le soin de la soutenir.

Lorsqu'elle fut un peu revenue à elle, Volmerange allait se retirer après avoir salué gravement ; mais la jeune femme, étendant la main, l'arrêta dans son mouvement de retraite et lui dit d'une voix timide et suppliante :

— Oh! monsieur, soyez chevaleresque jusqu'au bout, et daignez me reconduire à ma voiture. Mon pauvre garde du corps Daniel est en assez piteux état, et je crains que, me voyant seule de nouveau, les malfaiteurs ne reviennent à la charge.

Il n'y avait guère moyen de dire non à une demande formulée ainsi ; et, bien que Volmerange se fût promis de ne plus s'occuper désormais d'aucune femme, il ne put s'empêcher d'offrir assez gracieusement, pour un misanthrope qui s'était proposé de dépasser les sauvageries de Timon d'Athènes, le bras qu'on lui demandait avec une instance que la frayeur rendait presque caressante.

La voiture stationnait à un endroit assez éloigné du parc, en sorte que le trajet à parcourir pour la rejoindre donna aux deux personnes, si brusquement mises en rapport, le moyen de faire une espèce de connaissance.

Une femme avec qui vous avez fait deux cents pas, la sentant sur votre bras, palpitante d'une forte émotion, appuyant sa main parce que ses pieds tremblent, n'est plus une inconnue pour vous.

Aussi Volmerange, qui avait eu le temps de remarquer la beauté de la jeune femme et de deviner son esprit aux quelques phrases échangées pendant la route, ralentit involontairement le pas, lorsqu'il vit, arrêtée près d'une des portes du parc, la voiture étincelante de vernis et splendidement armoriée au marchepied de laquelle on devait se quitter.

— Me refuseriez-vous cette grâce, dit-elle après s'être installée dans sa boîte de satin et avant que le valet de pied eût refermé la portière, de savoir le nom de mon libérateur? Je suis miss Amabel Vyvyan.

— Et moi, je me nomme le comte de Volmerange, répondit-il en faisant une profonde inclination.

Miss Amabel Vyvyan, car c'était elle, faisait tous les jours, à la mode des jeunes Anglaises, une promenade à pied dans cette portion du parc, et, quoique cet événement eût dû la dégoûter de ses excursions pédestres, elle revint le lendemain à l'heure accoutumée.

Peut-être avait-elle un vague pressentiment que la protection, en cas d'accident, ne lui manquerait pas, car elle prit la même allée que la veille, et longea comme d'habitude la *Serpentine river*. Sans bien s'en rendre compte, elle voulait donner une récompense délicate au courage de Volmerange, et cette récompense, c'était de lui fournir l'occasion de la voir encore une fois.

Probablement, de son côté, Volmerange eut l'idée que miss Amabel Vyvyan n'était pas en sûreté, malgré le laquais qui la suivait de loin, dans cette partie de Hyde-Park, car il vint se promener le lendemain à cet endroit juste à la même heure.

Ni l'un ni l'autre ne parurent étonnés de se revoir, et ils causèrent quelque temps ensemble, peut-être quelque minutes de plus que les strictes convenances ne le permettaient, et Volmerange, de crainte de mauvaise rencontre, reconduisit miss Amabel jusqu'à sa voiture.

Au bout de quelque temps, le comte fut présenté

dans les règles à lady Eleanor Braybrooke, qui le trouva charmant et le vit avec plaisir faire chez elle de fréquentes et longues visites; car la positive lady trouvait que miss Amabel poussait trop loin la fidélité à son veuvage imaginaire.

Ce que nous avons à dire blesse la poétique des romans qui n'admet qu'un amour unique, éternel, mais ceci n'est pas un roman; miss Amabel Vyvyan, qui avait sincèrement cru que, Benedict disparu ou mort, elle ne pourrait jamais aimer personne, fut toute surprise lorsqu'elle sentit battre ce cœur qu'elle pensait à tout jamais éteint sous la cendre d'une première déception. Le nom du comte de Volmerange annoncé par le valet de chambre avait toujours le privilége de faire monter un peu de rose aux joues de camélia de miss Amabel.

Le soir, lorsque, après deux ou trois heures de charmante causerie avec Volmerange, elle noyait sa tête dans son oreiller de point d'Angleterre, et se livrait à ce petit examen de conscience que fait avant de s'endormir toute jolie femme sur les coquetteries de la journée, elle trouvait qu'elle avait répondu par un regard indulgent à une œillade ardente, disserté trop longtemps sur des points de métaphysique amoureuse, et pas retiré assez vite ses doigts de la poignée de main d'adieu. Lorsqu'elle était tout à fait endormie, ses rêves étaient hantés plutôt par l'image de Volmerange que par celle de Benedict.

Les deux couples de Sainte-Margareth avaient fait un chassé croisé physique et moral, et, par une espèce de symétrie bizarre, lorsque Benedict aimait Edith, miss Amabel Vyvyan aimait Volmerange, qui le lui rendait. Le hasard, dans ces combinaisons renversées, semblait se faire un jeu de contrarier la volonté humaine. Aucune union projetée ne s'était accomplie, nul serment juré n'avait été tenu.

Les caractères, en apparence faits pour s'entendre, s'étaient épris de leurs contraires. Au plan rationnel de ces existences, un pouvoir inconnu avait substitué un scénario fantasque, extravagant, décousu ; l'unité de lieu et d'action avait été violée par ce grand romantique qui arrange les drames humains, et qu'on nomme l'imprévu.

Lady Braybrooke, qui avait à cœur de voir Amabel mariée, après ce qu'elle appelait l'affront de Benedict, ne cessait de vanter Volmerange à sa nièce ; ces éloges

19.

ét ici naturellement accompagnés d'anathèmes contre le premier fiancé. Rien de formel n'avait encore été prononcé, et cependant les cœurs s'étaient entendus. Volmerange était soupirant en pied ; il donnait le bras à lady Eleanor Braybrooke, et, lorsque la tante et la nièce allaient au théâtre, il avait toujours une place au fond de la loge derrière miss Amabel ; et, il faut l'avouer, les plus belles décorations, les scènes les plus pathétiques avaient beaucoup de peine à faire lever ses yeux, occupés à suivre les lignes onduleuses du col d'Amabel et de ses blanches épaules ; aussi, quoi qu'il allât souvent au théâtre, personne n'était moins au fait du répertoire, et lady Eleanor Braybrooke s'étonnait quelquefois qu'un jeune homme si intelligent profitât si peu des belles choses qu'il paraissait écouter avec tant d'attention.

Amabel avait bien, de temps à autre, de vagues appréhensions que Benedict ne reparût subitement et ne vînt lui reprocher sa trahison ; car aucune femme n'admet qu'on puisse lui être infidèle, bien qu'elle ne manque jamais d'excellentes raisons pour justifier de son côté une pareille faute ; mais les mois passaient, et l'obscurité la plus profonde planait toujours sur la mystérieuse disparition de Benedict. La jeune femme s'était donc rassurée peu à peu à l'endroit de cette revendication posthume, et commençait à aimer Volmerange sans trop d'épouvante. Celui-ci avait oublié tout à fait Edith et même Priyamvada.

Ses aventures avec cette dernière lui produisaient l'effet d'une hallucination d'opium. Ce teint doré, ces yeux peints, ces colliers de perles, ces parfums exotiques, ces promenades à dos d'éléphant, ces rendez-vous dans les pagodes, ces batailles à travers les forêts barrées de lianes, toutes ces scènes étranges semblaient au comte des souvenirs qui n'appartenaient pas à la réalité.

Si Priyamvada eût vécu, toute charmante qu'elle était, elle eût certainement embarrassé Volmerange. Qu'eût-on dit, au bal d'Almack, d'une femme qui avait des boucles d'oreilles dans le nez et un tatouage de garotchana sur le front ?

Cependant le comte ne pouvait s'empêcher d'éprouver un sentiment de tristesse en pensant à la beauté parfaite, à l'amour ardent et au dévouement sans bornes de la pauvre Indienne : ces qualités, quoiqu'un peu excentriques et choquantes, valaient bien un regret.

Pendant toutes ces alternatives, miss Edith et sir Benedict Arundell, que nous avons laissés sur la jetée de Calais, s'étaient embarqués et étaient arrivés en Angleterre.

Avant d'entrer dans Londres, ils s'étaient séparés, et avaient pris chacun une maison dans un square retiré de Londres. La fiction du mariage de M. et madame Smith ne pouvait être soutenue plus longtemps, et, d'ailleurs, miss Edith Harley n'était-elle pas comtesse de Volmerange, et sir Benedict Arundell l'époux de miss Amabel Vyvyan, ou peu s'en faut? Ne venaient-ils pas de Sainte-Hélène avec l'idée de rentrer dans le giron conjugal? Ne fallait-il pas aussi pousser jusqu'au bout l'épreuve philosophique?

Volmerange avait reçu un billet d'Amabel, qui lui demandait de venir la prendre avec sa tante, pour aller au concert de la princesse ***. Il était tout habillé et prêt à partir, lorsque son valet de chambre vint lui dire qu'une femme voilée demandait à parler à Sa Seigneurie.

— Une femme voilée! quelle singulière visite à pareille heure! Il y a pourtant longtemps que je ne hante plus les coulisses de Drury-Lane, et nous ne sommes pas dans la saison de l'Opéra. Qui diable cela peut-il être? Une mère à principes qui vient me proposer sa fille pour demoiselle de compagnie?

— Milord, que répondrai-je à cette dame? dit le valet de chambre en insistant pour avoir une réponse.

— Dites-lui qu'elle écrive son nom et ce qu'elle demande sur sa carte.

— C'est ce que j'ai eu l'honneur de lui dire, répondit le valet; mais elle a prétendu qu'elle désirait ne pas se nommer et ne voulait parler qu'à vous-même.

— Est-elle jeune ou vieille, laide ou jolie? demanda le comte par excès de précaution.

— Milord, autant qu'on peut juger de la beauté d'une femme voilée, elle est jolie, et, à la souplesse de sa démarche, on peut juger qu'elle est jeune.

Le comte jeta les yeux sur la pendule et vit qu'il pouvait disposer d'une demi-heure avant de se rendre chez Amabel, et il dit au valet de chambre d'introduire la dame mystérieuse.

Cette visite singulière, cette insistance à ne pas se nommer, ce voile soigneusement rabattu, tout cela avait une tournure romanesque faite pour séduire l'imagination assez vive du comte. Cependant il éprouvait malgré lui une espèce de terreur vague et de frisson involontaire; — il se vit par hasard dans une glace et se trouva pâle.

La pièce où le comte se tenait était vaste, d'un luxe sévère, éclairée par une seule lampe dont la lumière, concentrée sur un seul point, laissait le reste de la chambre dans l'ombre. Il pleuvait, et la pluie battait les vitres avec un tintement qui rappelait une certaine nuit de tempête...

Une attente anxieuse contrastant avec la légèreté de ses réponses au valet de chambre poignait le cœur de Volmerange; et, lorsque la porte s'ouvrit pour donner passage à l'inconnue, le léger craquement des gonds lui fit faire un soubresaut nerveux.

L'ombre baignait la porte : le comte ne put d'abord bien distinguer la femme qui venait d'entrer.

Avec la politesse d'un gentleman qu'il était, il fit trois pas au-devant d'elle.

La lumière de la lampe éclairait alors en plein la nouvelle venue.

Le valet de chambre avait bien jugé : ce n'était pas

une laideur, mais bien un secret ou une pudeur que recouvrait le voile.

La beauté traversait confusément le tissu, comme un feu qui brille derrière une toile métallique. On ne la voyait pas, mais on la sentait belle.

Elle était vêtue d'une longue robe blanche, qui s'arrangeait à petits plis fins et fripés comme ceux des draperies de Phidias, et sur laquelle tranchaient, avec une grâce coquette et funèbre, les réseaux noirs des dentelles de la mantille.

— Madame, dit Volmerange, ne relèverez-vous pas ce voile? Puisque vous avez la confiance de venir chez moi à cette heure, ces précautions sont inutiles : votre secret ne court aucun danger; vous me cachez votre nom, laissez-moi voir au moins votre figure.

— Vous le voulez? répondit l'inconnue d'une voix douce et pénétrante.

Cette voix *connue* fit courir un frisson dans les cheveux de Volmerange.

La dame, d'une main blanche, fluette, et dont la forme réveillait mille souvenirs dans la mémoire du comte, commença à remonter lentement les plis noirs de la dentelle.

D'abord apparut un menton charmant marqué d'un petit signe qui remplit Volmerange de trouble, puis une bouche d'un rose vivace qui porta sa terreur au plus haut point, et ensuite un nez grec et d'adorables yeux bruns qui le rendirent fou d'épouvante.

Tenant ainsi son voile relevé au-dessus de sa tête avec sa belle main de marbre, dans une attitude digne d'une statue antique, elle s'offrait placidement aux regards égarés de Volmerange, qui s'était reculé de trois pas et tremblait comme la feuille.

— Oh! râla-t-il d'une voix sourde, qui êtes-vous donc?

— Je suis lady Édith, comtesse de Volmerange.

— Non, tu mens; tu es un spectre! ta robe doit être mouillée, tu sors de la Tamise; va-t'en! laisse-moi! Je t'ai noyée, tu le sais bien, comme j'en avais le droit. Ah! ah! quelle étrange aventure! est-ce que Dolfos va revenir aussi? Ce serait très-drôle! dit le comte en éclatant de rire.

Il était fou.

XXI

Miss Amabel, en toilette de bal, regardait dans une glace l'effet produit par une branche de bruyère du Cap, coquettement posée sur ses beaux cheveux. Jamais elle n'avait été plus jolie.

La femme de chambre, ayant accompli son office, se retira.

Amabel restée seule, car lady Eleanor Braybrooke, ayant beaucoup à réparer dans l'édifice de ses charmes, demeurait bien plus de temps que sa nièce entre les mains de ses femmes, éprouva cette espèce de désœuvrement qui s'empare des personnes habillées trop tôt pour une fête.

Elle avait écrit à Volmerange de venir à neuf heures,

il en était huit à peine ; c'était donc une heure d'inaction et d'immobilité.

Pour passer le temps, elle prit un livre et lut distraitement quelques pages ; puis elle ouvrit le piano et fit jaillir quelques fusées de gammes en rasant de son ongle étincelant l'ivoire poli du clavier ; mais le petillement des notes et la vibration des cordes la rendaient nerveuse. Elle ferma le piano et se leva.

Un de ses bracelets trop large lui glissait sur la main et la gênait. Elle prit son coffre à bijoux pour en choisir un autre ; en remettant le coffre à sa place, ses yeux tombèrent sur la cassette où étaient renfermées les lettres que lui avaient écrites Benedict au temps de leurs amours.

Ce jour-là se trouvait être précisément l'anniversaire du mariage si bizarrement interrompu à l'église de Sainte-Margareth.

Cette date, qui revint à la mémoire de miss Amabel à la vue de la cassette, la fit soupirer, et, l'esprit mû d'une fantaisie mélancolique, elle tira une lettre de la liasse, et, debout près de la cheminée, car ses épaules décolletées et ses bras nus la rendaient frileuse, elle se mit à lire.

« Chère Amabel, disait la lettre écrite pendant une courte absence, comment vais-je vivre ces trois jours qu'il me faut passer loin de vous, moi qui suis accoutumé à votre douce présence, moi qui vois tous les soirs briller votre âme dans vos yeux et votre esprit sur votre sourire ? La seule chose qui puisse me faire supporter cette séparation est l'idée que bientôt rien ne pourra plus nous désunir, et que nos existences couleront comme deux flots qui se confondent. »

Cette lecture plongea miss Amabel dans une rêverie profonde.

— A quoi bon garder, se dit-elle, ces témoignages d'une passion menteuse ?

Et elle jeta la lettre au feu.

Elle en prit une seconde qu'elle lut, et qu'elle envoya rejoindre la première dans l'ardent foyer : elle remonta ainsi, lettre par lettre, tout le cours de cet amour évanoui. A mesure qu'elle avait respiré le vague parfum de souvenir enfermé dans les plis du vélin, elle rendait à la flamme ces débris d'un temps qui n'existait plus.

— Neuf heures ! dit-elle en jetant la dernière lettre de la cassette ; et Volmerange qui ne vient pas !

Le papier, après s'être allumé sur les charbons, avait, par suite d'un écroulement de braises, roulé à terre devant la cheminée.

Près de s'éteindre, mais ravivée sans doute par quelque souffle, la lettre, plus qu'à demi consumée, lança un jet bleu; la flamme, cherchant un aliment, mordit le bord de la robe de gaze d'Amabel, et monta en serpentant dans les plis de l'étoffe légère.

Amabel se vit tout à coup entourée d'une clarté flamboyante et d'une atmosphère embrasée; elle courut au cordon de la sonnette; mais, folle d'épouvante et de douleur, elle le cherchait à gauche tandis qu'il était à droite, et la flamme, excitée par ces mouvements, l'enveloppait victorieuse et triomphante.

La pauvre enfant se roulait par terre pour éteindre le feu, et tâchait d'arracher ses vêtements en poussant des cris.

Au même moment, la porte s'ouvrit et le domestique annonça :

— Sir Benedict Arundell !

— Sauvez-moi ! sauvez-moi ! cria du milieu de la flamme la malheureuse Amabel.

Benedict et le domestique se précipitèrent; mais il

était trop tard, et, dans le délire d'une agonie horrible, elle fixait ses yeux effarés sur son ancien fiancé et murmurait à travers son râle :

— Benedict ici ! Oh ! je suis trop punie !

Le domestique, épouvanté, hors de lui, s'élança pour aller chercher du secours, un médecin, de l'eau, tandis que Benedict tâchait d'étouffer le feu qui brûlait encore les vêtements de dessous d'Amabel sous un tapis arraché d'une table.

Quand le secours arriva, Amabel venait d'expirer.

Benedict éperdu se sauva, ne pouvant supporter cet affreux spectacle, et personne, dans cette catastrophe, ne fit attention à sa venue et à sa sortie.

Quelques jours après, on remit à lady Eleanor Braybrooke quelques lettres à demi brûlées ramassées sur le plancher, qui expliquèrent la cause de cet affreux événement. Lady Braybrooke, à travers ses larmes, déchiffra les quelques lignes mutilées qui restaient, et comprit que ces fragments de papier, cause de l'accident, étaient des lettres d'amour de Benedict, découverte qui augmenta encore la haine que la bonne dame lui avait vouée.

Bizarre coïncidence, fatalité inexplicable ! Les lettres

d'amour de Benedict avaient repris Amabel au moment où elle en attendait un autre. Une âme superstitieuse eût pu voir là un châtiment. Mais le châtiment de quoi ? de l'innocence sans doute ? à moins que l'innocence ne paye la rançon du crime, par une loi de réversibilité dont la raison nous échappe.

Les deux visites de Benedict et de miss Edith n'avaient pas eu un résultat heureux et leur expérience avait tourné comme la plupart des expériences philosophiques.

Arrivé au terme de cette histoire, ou, pour mieux dire, de l'épisode que nous en pouvions raconter, nous sentons le besoin d'élucider par quelques explications générales les portions de ce récit qui, sans cela, resteraient peut-être obscures.

Dans les dernières années de l'Empire, des amitiés contractées au collége, des relations nouées dans le monde ou ailleurs, des goûts pareils pour les travaux et les plaisirs, une certaine conformité audacieuse de pensée, des coups de fortune bizarres avaient réuni en Angleterre des hommes de divers pays, de divers rangs, mais tous esprits supérieurs, volontés bien trempées et remarquables chacun dans leur genre.

Une sorte de franc-maçonnerie involontaire n'avait pas tardé à s'établir entre eux : ils se reconnaissaient dans le monde et se disaient dans l'embrasure d'une fenêtre de ces mots rapides qui résument tout et contiennent une philosophie dans un sourire imperceptible, dans un léger haussement d'épaules. Beaucoup parmi eux étaient riches, d'autres puissants ; ceux-ci possédaient l'audace, ceux-là l'habileté ; quelques-uns étaient grands poëtes ou profonds politiques.

Les amusements ordinaires d'un club, le vin, les cartes, les chevaux et les femmes ne pouvaient suffire à des gens pareils, blasés sur les émotions de l'orgie et du jeu, et dont plusieurs auraient pu montrer des listes de noms plus longues et mieux choisies que celles de don Juan. Ils cherchèrent donc un but à leur activité, et voici ce qu'ils trouvèrent : la victoire de la Volonté sur le Destin.

Constitués en une espèce de tribunal secret, ils citèrent à leur barre l'histoire contemporaine, se donnant pour mission de casser ses arrêts lorsqu'ils n'étaient pas jugés justes. En un mot, ils voulurent refaire les événements et corriger la Providence.

Ces joueurs intrépides, plus hardis que les géants et

les titans de la Fable, essayèrent de regagner contre Dieu les parties perdues sur le tapis vert du monde, et s'engagèrent par les serments les plus formidables à s'entr'aider dans ces entreprises.

Le soulèvement de l'Inde, le rétablissement de Napoléon sur un trône plus élevé, l'affranchissement de l'Espagne, la délivrance de la Grèce, où plus tard Byron, qui faisait partie de cette junte, trouva la mort, tels étaient les plans que ces hommes s'étaient tracés.

Les divers mouvements et révoltes qui eurent lieu vers ces temps-là étaient leur ouvrage. Ils avaient guidé les Mahrattes contre les Anglais, agité la Péninsule, préparé l'insurrection de Grèce, et tenté d'enlever l'empereur, à qui un empire oriental rêvé dans sa jeunesse avait été préparé dans l'Inde, d'où il serait revenu en Europe en suivant à rebours le chemin d'Alexandre.

Ces grands esprits, ces volontés inflexibles, qui remaniaient la carte de l'univers et voulaient faire subir leurs ordres au hasard, n'avaient cependant pas réussi dans leurs combinaisons. Arrivés au bout de toutes les voies, ils avaient été renversés par ce petit souffle qui n'est peut-être autre chose que l'esprit de Dieu.

Tous leurs laborieux entassements s'étaient écroulés on ne sait pourquoi. Malgré tous leurs efforts, les fatalités inexplicables continuaient leur marche aveugle. Le destin maintenait ses décisions.

Ce qui leur paraissait le bon droit essuyait des défaites, ce qui leur semblait injuste triomphait : le génie se tordait toujours sur la croix et la médiocrité florissait sous sa couronne d'or. Un obstacle imprévu, une trahison, une mort inopportune ou quelque autre obstacle déjouaient leurs mesures au moment où elles allaient réussir. Ils essayaient de remonter le cours des choses et se sentaient, malgré leurs prodigieux efforts, emportés par le courant invincible.

La plupart s'acharnaient avec cette fureur du joueur malheureux, avec ce délire de l'orgueil aux prises avec l'impossible. Insensés, ils jetaient une poignée de poussière contre le ciel, et, comme Xerxès, eussent volontiers fait donner le fouet à la mer. D'autres, plus forts, en étaient arrivés à soupçonner ce que, faute d'autre mot, nous appellerons « les mathématiques du hasard; » ils pressentaient que les événements étaient déterminés par une gravitation dont la loi restait à trouver pour un Newton de l'avenir, et, s'ils le contrariaient, c'était par une curiosité d'expérimentateur ; ils agitaient le monde comme un physicien remue un verre pour mêler les liquides et les voir ensuite reprendre leur place selon leur pesanteur spécifique.

Sir Arthur Sidney, Benedict Arundell, le comte de Volmerange, Dolfos et Dakcha appartenaient à cette puissante association. Sidney et Dakcha, membres du cycle supérieur, avaient le droit de choisir parmi leurs frères ceux qu'ils jugeaient nécessaires à l'exécution de leurs projets. Benedict et Volmerange, qui, malgré leur serment, avaient disposé de leur personne, avaient été ramenés au devoir de la manière qu'on a pu lire dans ce récit. Toutes ces existences troublées ou perdues, ces sacrifices d'argent, de courage et de génie n'avaient eu aucun résultat : le joueur invisible avait toujours gagné.

Le peu que nous venons de dire suffira pour faire comprendre le but et les moyens de cette association, espèce de Sainte-Vehme philosophique qui déploya une énergie inouïe et des ressources immenses pour substituer dans l'histoire la volonté humaine à la volonté divine.

Ces hommes peu religieux et qui ne croyaient qu'à

la force et au génie, avaient pris la Providence pour le hasard, et, ôtant la plume des mains de Dieu, avaient tenté d'écrire à sa place sur le volume éternel.

Maintenant, comme c'est l'usage à la fin d'un récit, il ne nous reste plus qu'à fixer le sort du peu de personnages qui survivent aux violences de notre action.

Volmerange voit toujours devant lui l'ombre blanche d'Edith, et reste accroupi de terreur dans l'angle de son cabanon de Bedlam, s'éloignant autant qu'il peut du spectre que son imagination égarée lui montre à l'autre bout de la chambre.

Quant à miss Edith et à sir Benedict Arundell, des voyageurs anglais qui se rendaient à Smyrne et visitaient les îles de la mer Ionienne prétendent avoir vu à Rhodes, dans un charmant palais de marbre bâti sous la domination des chevaliers et mêlé de fragments antiques, un jeune couple d'une sérénité grave et douce, qui faisait supposer autant de bonheur que peut en permettre une vie éprouvée par des chagrins et des vicissitudes diverses. Bien qu'ils ne fussent connus que sous le nom de M. et madame Smith, ils paraissaient appartenir à un rang plus haut que cet humble nom ne l'indiquait. Ils n'évitaient ni ne cherchaient leurs compatriotes. Cependant ils préféraient être seuls, ce qui indiquait qu'ils étaient heureux.

Sidney ne reparut plus et ne donna jamais de ses nouvelles. Était-il mort? avait-il enfoui dans quelque solitude le désespoir d'avoir manqué l'entreprise, but de sa vie pendant cinq ans? C'est ce que l'on n'a jamais pu savoir.

Seulement, quelques années plus tard, un navire qui revenait des Indes, et que la tempête avait poussé sur les îles de Tristan-d'Acuñha, débarqua sur un îlot du groupe quelques matelots, pour prendre des tortues et dénicher des œufs d'oiseaux de mer, pour varier un peu les provisions salées; un d'eux heurta sur le sable une espèce de masse couverte de petits coquillages qui ressemblait grossièrement à une bouteille.

Enchanté de sa trouvaille, le matelot, croyant avoir mis la main sur quelque bouteille de rhum, dégagea l'objet de sa croûte de terre et de madrépores, fit sauter la capsule de plomb, et ne trouva, au lieu de la liqueur désirée, qu'un morceau de parchemin qu'il remit à son capitaine avec une fidélité qu'il n'eût pas eue pour le spiritueux. Le capitaine ouvrit le parchemin plié en quatre et fut très-surpris d'y lire ce qui suit :

« Au moment d'accomplir l'entreprise la plus hardie et la plus étrange qu'un homme ait jamais tentée, moi, sir Arthur Sidney, l'esprit tranquille et la main ferme, sachant que ces vagues sous lesquelles je vais plonger peuvent m'engloutir, j'écris, pour que mon secret ne meure pas tout entier avec moi, ces lignes qui seront peut-être lues plus tard si je péris dans mon voyage sous-marin.

» Anglais, j'ai été profondément humilié de la trahison faite par l'Angleterre au grand empereur. Fils respectueux, j'ai voulu laver cette tache à l'honneur de ma mère et lui épargner devant la postérité la honte d'avoir assassiné son hôte ; je me suis mis en tête de déchirer cette page de l'histoire de mon pays ; j'ai voulu qu'on dît : « L'Angleterre l'avait fait pri-
» sonnier, un Anglais l'a délivré et a tenu tout seul la
» parole de sa nation. »

» J'essaye d'empêcher ma patrie, que j'aime, de commettre un déicide qui la rendra l'objet de l'exécration du monde, comme le meurtre de Jésus a fait les Juifs abominables sur toute la terre. A cette idée j'ai sacrifié ma vie, car quel but peut-on se proposer qui soit plus grand, plus saint que la gloire de la famille humaine dont on fait partie? Demain, Prométhée, détaché de sa croix, voguera sur un vaisseau qui l'attend et va le mener vers un nouvel empire et des destinées plus vastes peut-être que celles qui ont étonné le monde, ou bien Dieu aura jugé si j'empiète sur les attributions de la Providence.

» Ce 4 mai 1821, en vue de Sainte-Hélène. »

Le capitaine resta rêveur devant ce parchemin, regardant ces caractères dont l'encre avait jauni. Il relut plusieurs fois cette lettre, si longtemps ballottée dans la prison de verre, échouée ensuite sur un îlot désert, et probablement la seule trace qui restât d'une noble idée, d'une forte résolution et d'un grand courage; en cherchant dans ses souvenirs, il se rappela avoir vu quelquefois sir Arthur Sidney, soit à Londres, soit à Calcutta.

Quand le navire passa devant Sainte-Hélène, le capitaine salua de loin la tombe du grand homme et se dit:

— Dieu n'a pas donné raison à Sidney, puisque l'empereur dort sous le saule et que j'ai cette lettre dans mon portefeuille. Sir Arthur doit être noyé; c'est fâcheux, car je lui aurais donné une poignée de main franche et loyale, et j'aurais aimé l'avoir assis en face de moi de l'autre côté d'une table dans la cabine de *la Belle-Jenny*.

La Belle-Jenny, car c'était elle, avait été vendue à un marchand de Calcutta par le capitaine Peppercul, à qui Sidney avait dit, s'il ne reparaissait pas au bout de cinq jours, de disposer du navire à son gré, et, par un hasard singulier, c'était elle qui avait recueilli le testament de son ancien maître.

Maintenant, disons ce que nous avons pu apprendre de Dakcha. Après avoir trouvé le corps de Priyamvada près de celui de l'éléphant, il l'enterra en observant exactement tous les rites. Il reprit le cours de ses austérités : il a inventé une position effroyablement gênante et qui doit faire le plus grand plaisir aux trinités, aux quadrinités et aux quinquinités de l'Olympe Indou. Il ne désespère pas encore du rétablissement de la dynastie lunaire, et attend toujours Volmerange. Ses doigts desséchés froissent plus activement que jamais l'herbe cousa, et ses lèvres noires marmottent, avec une délirante expression de piété, l'ineffable monosyllabe qui renferme tout, et autre chose.

Selon l'idée qu'il a eue pendant la bataille, ce n'est

plus avec trois crochets passés sous les muscles du dos qu'il se fait donner l'estrapade, c'est avec cinq. Grâce à cet ingénieux raffinement de pénitence, il pense que les Anglais seront chassés de l'Inde et qu'il obtiendra du ciel la faveur de mourir en tenant la queue d'une vache, opinion qui ne l'empêche pas d'être un très-profond philosophe, un diplomate impénétrable, un politique de première force, de soulever sourdement des provinces, de creuser des étages d'intrigues souterraines, tout en restant assis sur sa peau de gazelle entre quatre réchauds, et de donner beaucoup de tablature à l'administration de la Compagnie des Indes.

FIN

LIBRAIRIES DE MICHEL LÉVY FRÈRES

DERNIERS OUVRAGES PUBLIÉS FORMAT GRAND IN-18
à 3 francs le volume

NOUVEAUX LUNDIS
Par C.-A. Sainte-Beuve, de l'Académie française..... 7 vol.

L'OUTRAGE
Par Aurélien Scholl.................................. 1 vol.

UNE PASSION DANS LE GRAND MONDE
Par la comtesse de Boigne........................... 2 vol.

LES FEMMES DU DIABLE
Par Arsène Houssaye................................. 1 vol.

LE DRAME DE LA RUE DE LA PAIX
Par Adolphe Belot................................... 1 vol.

LES VICTIMES D'AMOUR — LES ENFANTS
Par Hector Malot.................................... 1 vol.

CORRESPONDANCE DE HENRI HEINE
Inédite... 2 vol.

SOUVENIRS DE LA MARQUISE DE CRÉQUY
De 1710 à 1803 — Nouv. édition revue, corrigée, augmentée d'une correspondance inédite et authentique de la marquise de Créquy avec sa famille et ses amis.. 5 vol.

NOUVEAUX SAMEDIS
Par A. de Pontmartin................................ 3 vol.

LE CAPITAINE SAUVAGE
Par Jules Noriac.................................... 1 vol.

QUELQUES PAGES D'HISTOIRE CONTEMPORAINE
Par Prévost-Paradol, de l'Académie française........ 4 vol.

UNE DERNIÈRE PASSION
Par Mario Uchard.................................... 1 vol.

FLAMEN
Par l'auteur du *Péché de Madeleine*................ 1 vol.

AU BORD DE LA MER
Par l'auteur des *Horizons prochains* (2ᵉ édition).. 1 vol.

THÉATRE COMPLET DE GEORGE SAND
Ouvrage terminé..................................... 4 vol.

NOUVEAUX CONTES DU BOCAGE
Par Édouard Ourliac................................. 1 vol.

LES BUVEURS DE CENDRES
Par Maxime Du Camp.................................. 1 vol.

LES PARISIENNES DE PARIS
Par Théodore de Banville............................ 1 vol.

MADEMOISELLE 50 MILLIONS
Par la comtesse Dash................................ 1 vol.

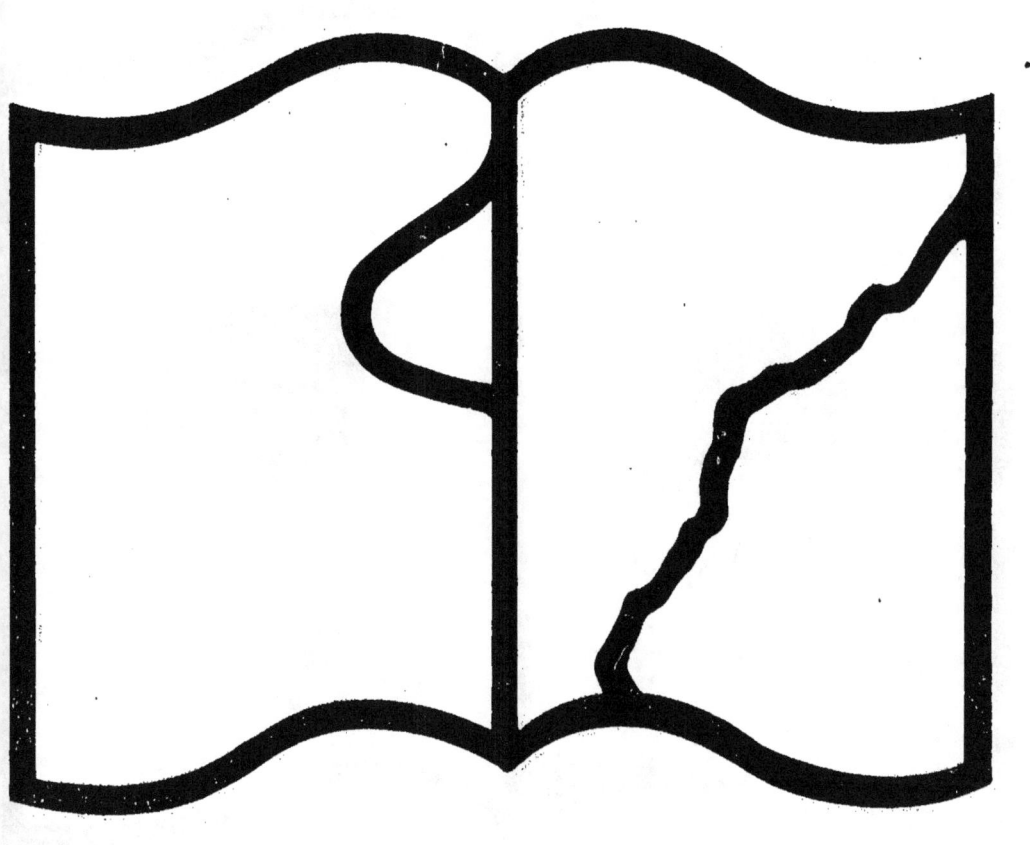

Texte détérioré — reliure défectueuse

NF Z 43-120-11

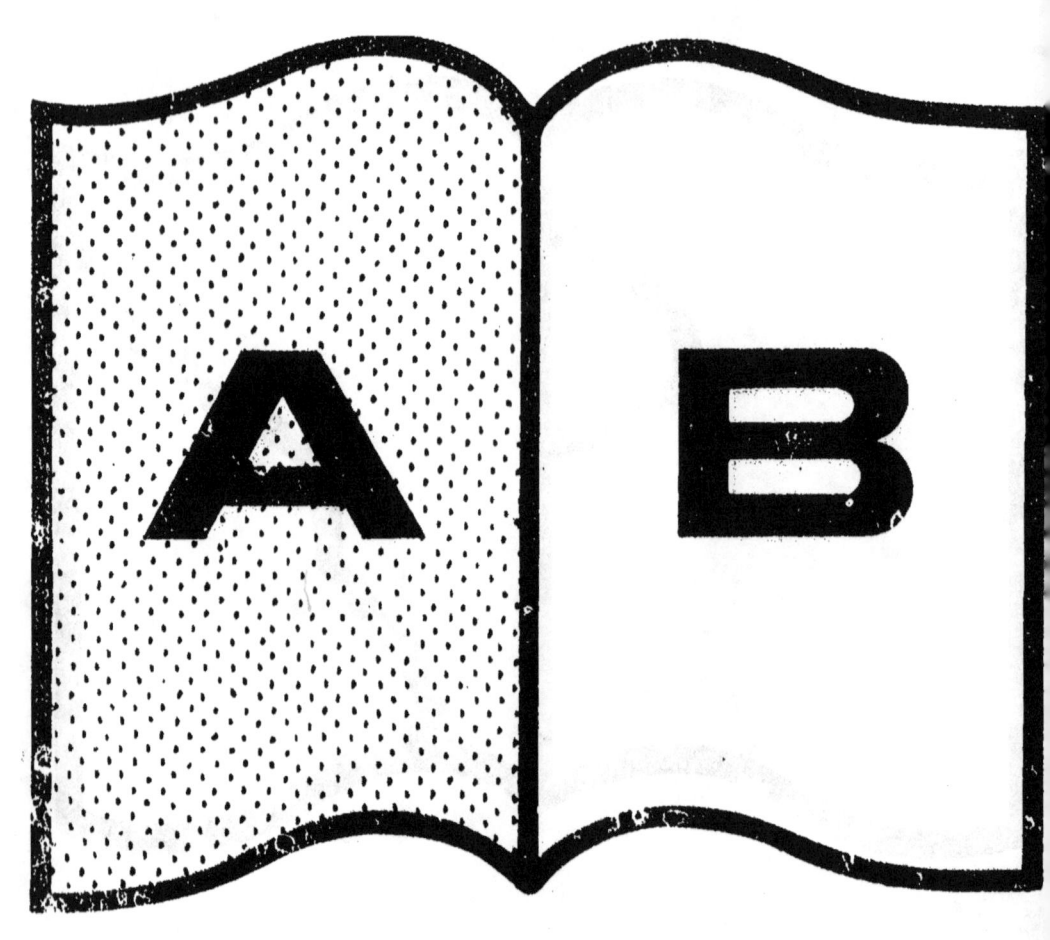

Contraste insuffisant
NF Z 43-120-14

www.ingramcontent.com/pod-product-compliance
Lightning Source LLC
Chambersburg PA
CBHW070843170426
43202CB00012B/1923